El mar de China y su importancia geopolítica

Luis Miguel Lalinde González

Eʟ ᴍᴀʀ ᴅᴇ Cʜɪɴᴀ
ʏ sᴜ ɪᴍᴘᴏʀᴛᴀɴᴄɪᴀ ɢᴇᴏᴘᴏʟíᴛɪᴄᴀ

Del antiguo imperialismo japonés
a la actual búsqueda hegemónica china

Renacimiento de Asia Oriental XXX

EDITORIAL COMARES ● Granada 2024

EDITORIAL COMARES

RENACIMIENTO DE ASIA ORIENTAL

Director de la colección:

JAVIER MARTÍN RÍOS

http://renacimientodeasiaoriental.blogspot.com.es/

Maquetación: José Antonio Ruiz García

© Luis Miguel Lalinde González

© Editorial Comares, 2024
Polígono Juncaril
C/ Baza, parcela 208
18220 Albolote (Granada)
Teléfono 958 465 382

https://www.comares.com • E-mail: libreriacomares@comares.com
https://www.facebook.com/Comares • https://twitter.com/comareseditor
https://www.instagram.com/editorialcomares

ISBN: 978-84-1369-709-3 • Depósito legal: Gr. 1617/2024

Impresión y encuadernación: Comares

SUMARIO

AGRADECIMIENTOS

Esta obra se debe en buena medida a los trabajos de fin de máster realizados en la Universitat Oberta de Catalunya (UOC); y, en especial, parte de mi tesis doctoral realizada en la Universidad de Alicante (UA). Por todo ello, quisiera agradecer al profesorado de ambas instituciones académicas, por su atención e inestimable ayuda que me proporcionaron a lo largo de los meses y años. En este sentido, mi especial mención a los profesores de la Universidad de Alicante José Miguel Santacreu Soler e Isaac Donoso Jiménez. Ciertamente, sus detalladas indicaciones y consejos han contribuido enormemente en mi formación y en la concepción de la presente obra.

Al mismo tiempo, también deseo agradecer los recursos que me han dispensado la UA y la UOC, especialmente, a través de su biblioteca y buscador de obtención de documentos.

Por otro lado, quisiera agradecer a todos los compañeros y amigos que he disfrutado a lo largo de mi vida, tanto académica y existencial, así como en las distintas universidades e institutos en los que he estado. Algo que no expongo expresamente, ya que afortunadamente son muchos y no dispongo de espacio para ello. Pero lo dicho, mi incondicional agradecimiento en todos los sentidos.

Para finalizar, también deseo mostrar mi gratitud al constante apoyo de mi enorme y querida familia, en especial a mi esposa Crista y a mi padre Luis Ramón (al que todos tenemos muy presente allá donde esté). Sin ellos nada de esto sería posible y, por esta razón, a todos ellos les dedico este escrito.

TRANSCRIPCIONES

Todos los nombres chinos se han escrito en *pinyin* sin tonos, a excepción de los nombres más utilizados por la historiografía occidental y que emplean el sistema Wade-Giles (ya prácticamente en desuso desde la década de los 80), como por ejemplo el de Chiang Kai-shek (su nombre en *pinyin* es Jiang Jieshi). Tanto en un sistema como en otro, se ha antepuesto el apellido al nombre, como los casos de Xi Jinping o Mao Zedong.

En cuanto a los nombres japoneses, se ha utilizado el sistema romaji sin tonos. También se ha antepuesto el apellido al nombre (como por ejemplo Toyotomi Hideyoshi o Tokugawa Ieyasu), hasta las personalidades aparecidas hasta el fin de la Segunda Guerra Mundial. Tras la contienda se ha antepuesto el nombre al apellido fruto de la fuerte occidentalización que ha sufrido el país, así como por el uso más cotidiano de esta fórmula dentro del mundo académico occidental (un ejemplo sería el de Shinzo Abe).

Por último, en la bibliografía se ha antepuesto siempre el apellido al nombre, empleándose el sistema Harvard.

ÍNDICE DE FIGURAS Y TABLAS

LISTA DE SIGLAS, TÉRMINOS Y ABREVIATURAS

ADIZ	Air Defense Identification Zone
ADJ	Agencia de Defensa de Japón
ALC	Acuerdo de Libre Comercio
ANZUS	Alianza de seguridad entre EE.UU., Nueva Zelanda y Australia
AUKUS	Alianza de seguridad entre Australia, Reino Unido y Estados Unidos
AOD	Agencia Oficial al Desarrollo (Japón)
APEC	Asia-Pacific Economic Cooperation
AEPL	Armada del Ejército Popular de Liberación
ASEAN	Association of Southeast Asian Nations
ASEAN+3	ASEAN más China, Japón y Corea del Sur
ARF	ASEAN Regional Forum
BAII / AIIB	Banco Asiático de Inversión en Infraestructura
Beiatsu (米圧)	Presión externa estadounidense
BRICS	Brasil, Rusia, India, China y Sudáfrica (países emergentes)
EE.UU. / USA	Estados Unidos
EPL	Ejército Popular de Liberación
Fukoku kyohei (富国強兵)	País rico, ejército poderoso
Futsu no kuni (ふつの国)	Un país normal
Heiwa kokka (平和国家)	País pacifista
Japan Cool	Política del METI orientada a difundir la «Marca Japón»
JETRO	Japan External Trade Organization
Jieitai (自衛隊) /FAD	Fuerzas de Autodefensa
KMT / GMD	Partido Nacionalista Chino

XV

Kosenken (交戦権)	DERECHO A LA BELIGERANCIA
METI	MINISTRY OF ECONOMY, TRADE AND INDUSTRY (JAPÓN)
MITI	MINISTRY OF INTERNATIONAL TRADE AND INDUSTRY (JAPÓN)
MFAPRC	MINISTRY OF FOREIGN AFFAIRS OF THE PEOPLE'S REPUBLIC OF CHINA
MOFA	MINISTRY OF FOREIGN AFFAIRS (JAPÓN)
NDPO	NATIONAL DEFENSE PROGRAM OUTLOOK (EE.UU.)
Nihonjinron (日本人論)	ESTUDIO SOBRE LO JAPONÉS O LA IDENTIDAD CULTURAL JAPONESA QUE LITERALMENTE SE TRADUCIRÍA COMO «TEORÍA DE LOS JAPONESES»
NSC	NUEVO CONCEPTO DE SEGURIDAD
OCDE	ORGANIZACIÓN PARA LA COOPERACIÓN Y EL DESARROLLO ECONÓMICO
OCS / SCO	ORGANIZACIÓN DE COOPERACIÓN DE SHANGHÁI
ONG	ORGANIZACIÓN NO GUBERNAMENTAL
ONU / NU	ORGANIZACIÓN DE NACIONES UNIDAS
OTAN/NATO	ORGANIZACIÓN DEL TRATADO DEL ATLÁNTICO NORTE
PEJ	POLÍTICA EXTERIOR JAPONESA
PCCh	PARTIDO COMUNISTA CHINO
PIB	PRODUCTO INTERIOR BRUTO
PLD	PARTIDO LIBERAL DEMOCRÁTICO (JAPÓN)
Quad	«ALIANZA» ENTRE EE.UU., INDIA, AUSTRALIA Y JAPÓN
Realpolitik	POLÍTICA DE LA REALIDAD
Rekishinomondai (歴史の問題)	PROBLEMA DE LA HISTORIA
Rekishi ninshiki (歴史認識)	COMPRENSIÓN DE LA HISTORIA
RR.II.	RELACIONES INTERNACIONALES
RPC	REPÚBLICA POPULAR DE CHINA
TTP	ACUERDO DE ASOCIACIÓN TRANS-PACÍFICO
UE	UNIÓN EUROPEA
UNCLOS	CONVENCIÓN DE NACIONES UNIDAS SOBRE EL DERECHO DEL MAR
URSS	UNIÓN DE REPÚBLICAS SOCIALISTAS SOVIÉTICAS
Yasashii kuni (優しい国)	PAÍS AMABLE
ZEE	ZONA ECONÓMICA EXCLUSIVA

1

INTRODUCCIÓN

El presente trabajo tendrá como objeto de estudio la importancia de controlar el mar de China para fortalecer la seguridad y posición de una nación en Asia-Pacífico. Dicha idea la trataremos a partir de las experiencias y actitudes expansionistas que han protagonizado y protagonizan Japón y China respectivamente.

En este sentido, observaremos como Japón, a través del imperialismo, se encomendó a las estrategias de «poder marítimo» de Alfred T. Mahan para lograr, acorde a las tesis de Ratzel, un «espacio vital» para su supervivencia y longevidad. Ese espacio vital será el mar de China (y sus costas adyacentes), pues su control garantizaba su seguridad y su abastecimiento con las posibles futuras colonias; y, al mismo tiempo, le podía erigir en la potencia dominante de la región. No obstante, veremos cómo habrá otras potencias que pugnarán por el control de dicho mar. Por lo que Japón, sabedora de sus limitaciones, irá gradualmente desarrollando su política expansiva a tenor del contexto internacional, dejando las potencias más fuertes para cuando se vea en condiciones de hacerlas frente. Es decir, para el final, aunque sin mucho éxito.

Por otro lado, trataremos el actual caso chino de pretender, o no, controlar el mar de China como en su día realizó Japón. Y, al igual que el Japón Meiji, conocedora de sus capacidades, veremos cómo se está orientando hacia una modernización que fortalezca al país. De esta forma, a medida que China se robustece, poco a poco, se va alzando la voz contra los vecinos que les disputan las islas que anhelan; que, gracias a sus Zonas Económicas Exclusivas (ZEE[1]), poseen un gran

[1]   Según el art. 55 del UNCLOS, la ZEE es un área adyacente al mar territorial (art. 57); que tendrá una extensión no superior a 200 millas desde la línea de base, así como «*el*

valor geopolítico. No en vano, tales enclaves podrían otorgarle la hegemonía sobre el mar de China y, por tanto, el control de la región. Estas reclamaciones están acompañadas por una clara apuesta en el aumento de su armada en aras de ser una potencia marítima que, en última instancia, le pueda ayudar para disuadir o negociar con los otros países litigantes. Además de asegurar sus líneas de abastecimiento y, por ende, su seguridad.

Dichas pretensiones, intentaremos reflejarlas y delimitarlas a lo largo del trabajo. Comenzando a partir del segundo capítulo, donde iniciaremos el desarrollo del contenido presentado en el índice y abordaremos la importancia geopolítica del mar de China, así como la propia definición de la Geopolítica. Ello a modo de introducción del objeto de estudio para poder adentrarnos de una manera fehaciente al mismo.

Seguidamente, en el tercer y cuarto capítulo, describiremos el expansionismo japonés y las pretensiones hegemónicas chinas respectivamente. Ya en el quinto y sexto capítulo profundizaremos aún más en las intenciones chinas al explicar y analizar los distintos conflictos marítimos que posee Pekín en el conjunto del mar de China. Por un lado, el concerniente a las islas Senkaku/Diaoyu en el mar de China Oriental; y, por otro, en los referidos al mar de China Meridional, desde las Paracelso hasta las Spratly.

Por otra parte, en el séptimo capítulo, una vez inmersos en la Historia del intento del control del mar de China por parte de Japón y China, y tras incidir más en esta última dada su situación y relevancia actual, iremos más allá. Y es que realizaremos una comparativa de las distintas dimensiones expansivas de sus respectivos poderes marítimos, al tratar las estrategias de uno y otro país en todas sus vertientes claves.

Finalmente, el octavo capítulo será la conclusión de todos los planteamientos expuestos a lo largo de la monografía (en especial de los tres capítulos anteriores), centrándonos principalmente en dar respuesta a las hipótesis expuestas. Es decir, en la línea de si China pretende controlar el mar de China como en su día lo intentó Japón, así como si dicho mar posibilita el liderazgo regional o no.

Estado ribereño tiene: Derechos de soberanía para los fines de exploración y explotación, conservación y administración de los recursos naturales, tanto vivos como no vivos, de las aguas suprayacentes al lecho y del lecho y el subsuelo del mar, y con respecto a otras actividades con miras a la exploración y explotación económicas de la zona, tal como la producción de energía derivada del agua, de las corrientes y de los vientos» (art. 56). Como podemos ver, ello hace que las islas en disputa tomen un valor mucho más considerable del que por sí solas pudiesen ofrecer.

Concretamente, todo este discurso nos lleva a plantearnos las siguientes hipótesis:

— «El control del mar de China facilita el desarrollo y posición de una gran potencia».

— «Cabe la posibilidad de que China esté realizando un desarrollo de su poder marítimo en el mar de China, como en su día lo hizo Japón».

En definitiva, la monografía pretende trabajar la tesis de que si dominas tu mar circundante, en este caso el mar de China, garantizas tu seguridad y porvenir. Como en su día comprendió y efectuó Atenas con el mar Egeo, Roma con el Mediterráneo (Mare Nostrum); y, un caso mucho más cercano, Estados Unidos con el mar Caribe (Kaplan, 2013). Japón lo intentó con el mar de China durante su período imperialista y China parece que intenta lo propio en su período de búsqueda de hegemonía regional. No en vano, entendieron y entienden que es vital para su seguridad. Por todo ello, y dada la rabiosa actualidad que recae sobre los distintos conflictos territoriales que existen a lo largo y ancho del citado mar, la necesidad del presente estudio.

2

ENTORNO GEOGRÁFICO DEL MAR DE CHINA Y SU SIGNIFICACIÓN GEOPOLÍTICA

En este capítulo nos centraremos en dilucidar la significación geopolítica que implicaría controlar el mar de China, no sólo para los fines del antaño imperialismo japonés; sino, sobre todo, para la actual pretendida hegemonía china en las citadas aguas.

2.1. DESCRIPCIÓN GEOGRÁFICA DEL MAR DE CHINA

El mar de China es un mar litoral inherente al océano Pacífico, con una extensión de unos 4.250.000 km² que lo convierten en el mar más grande del mundo. Por este motivo se suele dividir, a partir del estrecho de Taiwán, en dos mares: mar de China Meridional y mar de China Oriental.

En cuanto al mar de China Meridional (en chino *Nanhai* 南海, literalmente «mar del Sur»), comprende una extensión de unos 3,5 millones km², desde Singapur hasta el estrecho de Taiwán. Sus aguas dan cobijo a cientos de islas, bastantes de las cuales se encuentran en disputa por los países ribereños en la actualidad, como las islas Spratly y las Paracelso.

No en vano, dichas aguas se erigen en un importante centro económico gracias al exponencial crecimiento que están experimentando sus países colindantes, así como por la enorme población que albergan, convirtiéndolos en apetitosos mercados a explotar o desarrollar.

Algo similar se dio durante el período del imperialismo japonés, ávido de nuevos mercados para implementar su economía, así como de materias primas que tales enclaves podrían aportar. Y que por aquel entonces se encontraban bajo el yugo del imperialismo occidental, que también dominaba dichas aguas y, por consiguiente, las rutas marítimas.

Y es que dicho mar posee una de las rutas marítimas más significativas del comercio mundial, ya que sus aguas dan acceso al estrecho de Malaca, que conecta el mar de China Meridional con el océano Índico. De este modo, gracias al mencionado estrecho se consigue la confluencia del mayor núcleo de población mundial al entrelazar el subcontinente indio y Asia-Pacífico[2] (Mackinlay, 2012:404). No obstante, lo más importante es que dicho estrecho es la vía por donde los países de la región se abastecen de todo tipo de materias y productos procedentes de África, Oriente Medio y Europa (esta última conectada con el canal de Suez), al igual que exportan sus productos a dichas regiones. Resulta, por lo tanto, vital para China y Japón. No en balde, por medio del estrecho de Malaca, reciben buena parte de sus recursos energéticos (Delage, 2014:233), y con el Japón imperialista también se recibía buena parte de los mismos.

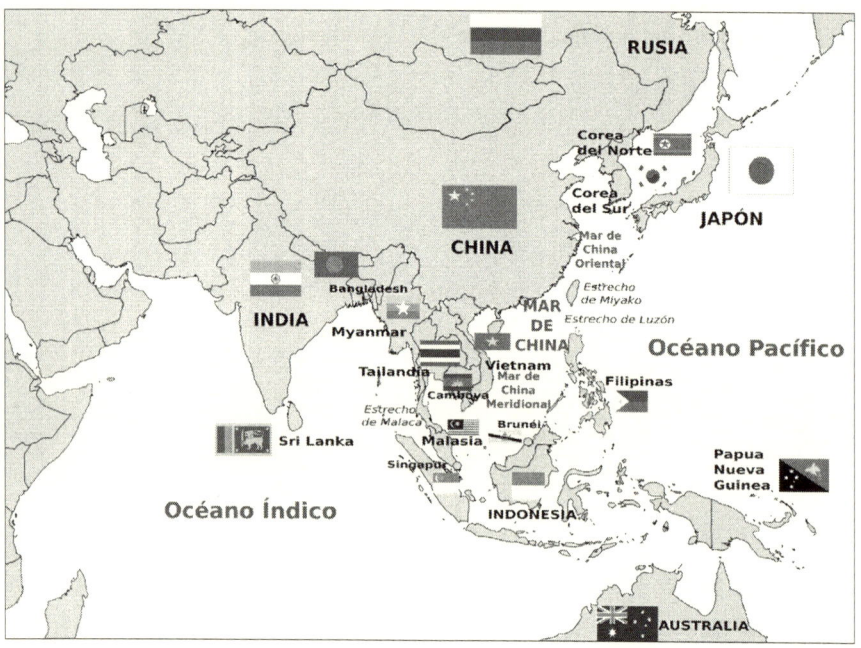

Fig. 1. Ubicación del mar de China, y conexión con los océanos Índico y Pacífico en la actualidad. Fuente: Elaboración propia.

[2] Dentro de los círculos de la diplomacia exterior, últimamente está emergiendo el concepto de la región de Indopacífico para hacer alusión a la zona territorial que engloba los países ribereños de los océanos Índico y Pacífico, más concretamente desde el subcontinente indio hasta la región que actualmente se conoce como Asia-Pacífico y que está formada por las subregiones de Asia Oriental y del Sudeste Asiático.

Por último, pero no menos importante, otro factor relevante del mencionado mar es su riqueza en hidrocarburos y recursos pesqueros (Carrasco, 2007), aspecto que incrementa aún más el interés por controlarlo. Tanto antaño como ahora.

Por otro lado, el mar de China Oriental (en chino *Donghai* 东海, literalmente «mar del Este»), abarca una superficie de unos 752 mil km², desde el estrecho de Taiwán hasta la península coreana. Se encuentra por lo tanto rodeado y delimitado por China, Japón y Corea.

En dicho mar, al igual que en el mar de China Meridional, hay enormes recursos de hidrocarburos y pesqueros, que han implicado hoy en día luchas por su control, como por ejemplo la disputa de las islas Senkaku/Diaoyu. Además, este mar se erige como nexo entre el archipiélago nipón y el mar de China Meridional que, a su vez, lo une con Europa, Oriente Medio y África. Estos nexos hacen de él un mar imprescindible para China y Japón de cara a su abastecimiento, especialmente en lo referente a su seguridad energética, ya que por él transcurre el 80% de sus necesidades energéticas (y de ahí el incremento en gasto en defensa de ambos países o la búsqueda nipona de convertirse en un «país normal», es decir, con derecho a la beligerancia). Asimismo, esta pretendida seguridad energética, obviamente, también era pretendida por el Japón imperialista. Por lo que no es de extrañar su pronta expansión hacia dicho mar con la anexión de las islas Ryukyu en 1879.

Volviendo al mar de China en su conjunto, cabe señalar que se está convirtiendo en el principal polo económico mundial, como parte del océano Pacífico, ya que, para muchos autores, empezando por Inoguchi (1994), la presente centuria es el siglo del Pacífico, como en su día lo fue del Mediterráneo y posteriormente del Atlántico. Igualmente, ya en tiempos del imperialismo japonés se erigía en un gran foco mundial, si bien no tan notorio como hoy en día y en lo que, en breve, pronostican que será.

Tabla 1. Dimensiones de los países ribereños del mar de China.

País	Población estimada en millones (2018)	PIB Nominal $ (2017)	Extensión Km2	Crecimiento estimado % (2018)	Exportaciones estimadas en millones $ (01/2018)	Importaciones en millones $ (01/2018)
China	1391'7	11.391.619	9.596.960	6,5	2.157.000	1.731.000
Indonesia	264,8	940.953	2.027.087	5,3	157.800	142.300
Japón	126,4	4.730.300	377.915	0,7	683.3	625.700
Filipinas	106	272.018	300.000	6,8	53.220	90.420
Vietnam	94'7	170.565	331.210	6,3	194.600	190.100
Tailandia	67,9	387.156	513.120	2,9	228.200	190.000
Corea del Sur	52,7	1.404.383	99.720	3,0	552.300	448.400

País	Población estimada en millones (2018)	PIB Nominal $ (2017)	Extensión Km2	Crecimiento estimado % (2018)	Exportaciones estimadas en millones $ (01/2018)	Importaciones en millones $ (01/2018)
Malasia	32'5	312.433	329.847	4,8	188.200	163.400
Taiwán (China)	23,5	519.149	35.980	1,9	344.600	272.000
Singapur	5,6	295.744	707	3,9	396.400	309.700
Brunéi	0,4	16.214	5.765	0,6	5.780	3280

Fuente: Elaboración propia en base al Ministerio de Asuntos Exteriores de España, Santander Trade y Fondo Monetario (2018), CIA World Factbook (2018), Wikipedia (2018).

Este cuadro sinóptico refleja la relevancia del mar de China y la importancia de poder desempeñarse en él. Por esta razón, la dura lucha por su dominio, donde el poder marítimo de unos y otros se antoja imprescindible para dilucidar cualquier pugna.

2.2. Importancia geopolítica del mar de China

En el presente apartado pretendemos desentrañar la importancia geopolítica que, sin duda, alberga el mar de China, y las claves de la pugna por su control.

2.2.1. ¿Qué es la Geopolítica?

Entendemos necesario explicar qué es la Geopolítica, en un objeto de estudio como el nuestro. Se trata de una disciplina derivada de la Geografía que analiza las relaciones entre el estado político y el medio físico que lo rodea. No sólo se centra en el territorio adscrito a él, sino que lo hace sobre el contexto de las relaciones internacionales, entre ese estado y otros, por el control de un objeto (territorios, recursos, vías de comunicación, etc.). De esta manera, se pueden definir las subdisciplinas de la Geoestrategia y Geoeconomía (López-Davadillo; Martín, 2012:23), que, igualmente, también tendrán cabida en la presente monografía.

En esta línea, para el impulsor del «poder marítimo», Alfred T. Mahan, la Geopolítica «*es la relación existente entre el poder y su distribución dentro de una determinada área de influencia*» (Carrasco, 2007:10). El «poder», ejercido por los poderes políticos, es para Max Weber[3] y Mann el objeto que ejerce un sujeto sobre otros, que se traduce en conflicto y control (López-Davadillo; Martín, 2012:37).

---

[3] Max Weber (1864-1920), está considerado como uno de los padres de la Sociología al igual que Émile Durkheim. Al mismo tiempo, señalar que durante su vida se formó

Otra definición expuesta por Klare sería ver la Geopolítica como una expresión de las *«relaciones conflictivas entre grandes potencias y las que aspiran a serlo por el control del territorio, los recursos y posiciones geográficas importantes como puertos, canales, sistemas fluviales, oasis y otras fuentes de riqueza e influencia»* (Pastor, 2005:19).

En pocas palabras, si asumimos que la Geopolítica abarca, a grandes rasgos, todo lo relacionado con la rivalidad entre poderes por el control fáctico o influyente sobre determinadas áreas y espacios, el mar de China posee un enorme valor geopolítico. Y es que, en él, las potencias se juegan el poder controlar los enormes recursos que atesora, como su riqueza en hidrocarburos y su privilegiada situación geográfica, así como el poder controlar una de las arterias principales del comercio mundial y de abastecimiento para China y Japón. Todo ello hace que el mar de China posea un gran valor geoestratégico para la seguridad de estos países, ya sea damnificándola o reforzándola, dependiendo de sobre quién recae dicho control.

Por otro lado, conviene señalar que la Geopolítica tuvo su gran desarrollo en Alemania, en la primera mitad del siglo XX, de la mano de Karl Haushofer[4], al profundizar en la definición del término *lebensraum* o *espacio vital* acuñado anteriormente por Friedrich Ratzel (1844-1904). A ellos se sumaría, posteriormente, Carl Schmitt (1888-1985) con las tesis de *grossräume* o *espacios geopolíticos*. Este último pensador trabajaría los conceptos: «amigo-enemigo» y «soberanía», la cual se podría comprobar al poder conseguir un Estado declarar el «estado de excepción» sobre un determinado territorio o población (Pastor, 2005:17).

---

en distintos campos, destacando el Derecho y la Historia, pero también la Economía y la Política, hasta el punto de fundar un partido político de cariz socialdemócrata y liberal, sin apenas éxito.

[4] Karl Haushofer (1869-1946) fue un general, político y geógrafo alemán. En 1903 desempeñaba la función de docente en la Academia de Guerra de Baviera, siendo destinado a Japón en 1908 para reorganizar al Ejército Imperial Japonés. Al mismo tiempo, también realizaría desplazamientos a China, Corea e India con fines de carácter militar. Se le considera uno de los padres de la Geopolítica, aunque también es recordado por sus lazos con el nazismo. Y es que sus postulados geopolíticos fueron la base de la estrategia bélica alemana (Lacoste, 1987:39), al mismo tiempo que en 1919 fundaría junto con otros dirigentes, destacando su amigo Rudolf Hess, el Partido Nacionalsocialista de los Trabajadores Alemanes. A dicho partido se sumarían poco después Adolf Hitler y Joseph Goebbels. Al estar casado con Martha Mayer-Doss, de ascendencia judía, tendrá problemas con el nazismo, siendo protegido por Rudolf Hess hasta la muerte de este en 1941, en 1944 caerá por completo en desgracia al ser vinculado al atentado de Hitler, comúnmente conocido como «complot del 20 de julio», ideado por Claus von Stauffenberg.

Por otra parte, en palabras del general Haushofer, la Geopolítica:

> es el estudio de los lazos entre la tierra y la política; debe mostrar cómo está 'determinada' la política por las condiciones geográficas. Por tanto, se ocupará de examinar en la vida de las sociedades la influencia del clima, del relieve, de las formas de vegetación, de la demografía también y, por último, de la 'posición'. Este análisis, que establecerá 'hechos palpables' y 'leyes demostradas', otorgará a los estadistas las bases necesarias 'para idear una política práctica' y les indicará al mismo tiempo los límites de lo posible: no será durable todo lo que un gobierno realice más allá del marco trazado por la 'geopolítica' (Renouvin, P; Duroselle, J.B., 2000:33).

De todo ello extraemos que estamos ante una cuestión geopolítica, cuyas acciones y reacciones, como problemáticas y soluciones, serán fruto de decisiones políticas sustentadas y como consecuencia del espacio geográfico.

2.2.2. Bondades geopolíticas del mar de China. La importancia de la geografía y la necesidad de ser una potencia marítima

El entorno geográfico donde se ubica, o desea asentarse, una nación, es muy relevante para comprender o vislumbrar su devenir histórico. Esto se conoce como determinismo geográfico.

En el caso japonés, debido al carácter insular de Japón y su carencia de materias primas, estaba en gran medida abocado a expandirse en busca de territorios y mercados (espacio vital), donde pudiera hallar tales recursos si pretendía ser una gran potencia dentro del contexto imperialista de la época. Se trata de un planteamiento en sintonía con la *Geopolitik* alemana de Friedrich Ratzel y Rudolph Kjellén (1846-1922), así como posteriormente de Karl Haushofer. Autores de los que beberá, entre otros, el geógrafo y periodista japonés Shiga Shigetaka (1863-1927), precursor y acicate del expansionismo nipón, especialmente hacia el sur, con su revista *Nihonjin* (Pelletier, 1997:200-202).

En esta línea, la importancia de las colonias también se entiende dentro del pensamiento de Nicholas Spykman[5], quien señala que, para controlar el corazón estratégico de la región y en suma del hemisferio, es imprescindible controlar, en este caso, el mar de la China, como en su día realizó Atenas con el mar Egeo,

---

[5] Nicholas Spykman (1893-1943), fue un profesor universitario centrado en temas de geopolítica, y reconocido como uno de los propulsores de dicha disciplina en EE.UU. Spykman era continuista con los postulados de Halford John Mackinder de que en el mundo existe un «corazón» que lo vertebra; y quien lo controla, por añadidura, domina el mundo (Lacoste, 1987:38-39).

Roma con el Mediterráneo y, sin ir más lejos, EE.UU. con el Caribe (Kaplan, 2013). En este sentido, el Imperio japonés saltó a la búsqueda de establecer su «propio mar circundante» para garantizar su seguridad nacional, no sólo territorial, sino también de abastecimientos. Esto parece responder pues a los postulados del *«poder marítimo»*[6] del capitán de la Armada de EE.UU. Alfred Thayer Mahan[7] de finales del siglo XIX, verdadero modelo a seguir por los estrategas nipones (Schirokauer; Lurie; Gay, 2014:250).

Entre éstos, destacará la figura de Akiyama Saneyuki (1968-1918), estratega principal en las batallas navales de la Guerra ruso-japonesa, formado en EE.UU. y que mantuvo contacto directo con el propio Mahan. Akiyama presenciará la aplicación de los postulados de Mahan, siendo observador militar extranjero durante el bloqueo del puerto de La Habana, que facilitarán la victoria de Washington en la Guerra hispano-estadounidense (1898). En ella, EE.UU. tomó el control absoluto del mar Caribe, del estrecho de Panamá, así como de su hemisferio (Kaplan, 2013:132-133), poniendo, además, un pie en Asia-Pacífico al adquirir Filipinas «contra todo pronóstico» por medio del Tratado de París[8] (del Alcàzar; Tabanera; Santacreu; Marimon, 2003:191). Como posteriormente veremos, este hecho significó el principio de las tensiones entre Japón y Estados Unidos. No en vano, Tokio pretendía esas islas para sí, como punto clave en su expansión hacia el sur, como demuestran sus contactos con los revolucionarios filipinos contra España (Ikehata, 2014).

Por todo ello, viendo el éxito de EE.UU. con las premisas de Mahan, Japón amplió sobremanera su armada con la idea de garantizar su seguridad y su proyección internacional[9]. No obstante, a tal pretensión se oponían China, Rusia y

---

[6] El poder marítimo es la capacidad que ostenta un estado para usar, controlar y proteger todas las acciones y actividades de toda índole de este sobre sus propias aguas y su proyección en alta mar, como tener la posibilidad de impedir que otros Estados hagan lo mismo (Mahan, 2007:73).

[7] Alfred Thayer Mahan (1840-1914), fue un militar estadounidense, conocido por su faceta como historiador y estratega naval. Mahan es célebre por su doctrina marítima, donde señalaba la importancia del poder marítimo como fin para lograr la dominación de un territorio. Expuso sus teorías en su obra *Influencia del poder naval en la historia* (Kaplan, 2013:148).

[8] Con este tratado de paz, firmado el 10 de diciembre de 1898, Washington también se hará con la isla de Guam, no así con el resto de las islas Marianas que permanecieron en posesión de España como consecuencias de las presiones alemanas, ya que Berlín deseaba adquirirlas junto a las Carolinas y las Palaos. En este sentido, Alemania comprará las islas un año después a España (del Alcàzar; Tabanera; Santacreu; Marimon, 2003:191).

[9] También la Alemania de finales de siglo hacía lo propio para superar a Gran Bretaña como gran potencia mundial. Algo que se refleja en la carta que envió el Káiser Guillermo a

EE.UU., por lo que no es de extrañar que fueran las potencias con las que paulatinamente entrará en guerra, pues pretendían lo mismo para sí, es decir, controlar la región o, cuanto menos, especialmente en el caso chino, no ser víctima de este voraz sistema internacional. Este objetivo China no lo logró, puesto que hasta su propio territorio era constantemente socavado por las grandes potencias imperialistas occidentales, y en breve se sumaría el aventajado alumno japonés.

Por otra parte, en el caso chino actual, heredero de esta concepción de la importancia de controlar el mar circundante y, en suma, los mares para robustecer la seguridad nacional, se está apreciando un interés gubernamental para aumentar su poder marítimo. Y es que su potencial rival en el contexto internacional sería EE.UU., actual señor de los océanos, que podría cerrarle sus vías de abastecimiento, en su mayoría marítimas, a partir de un bloqueo ejecutado por su gran armada. No debe olvidarse que la paralización del tráfico marítimo en el mar de China ocasionaría grandes perjuicios a la economía china y, por ende, a la estabilidad social y política del país (Delage, 2014:234).

Fig. 2. Akiyama Saneyuki, vicealmirante de la Armada Imperial Japonesa
Fuente: Biblioteca de la Dieta Nacional de Japón.

---

un amigo en 1894: «Justo ahora estoy, no leyendo, sino devorando el libro del capitán Mahan, y tratando de aprendérmelo de memoria». Alemania siempre se había caracterizado por sus fuerzas terrestres y, desde entonces, hizo todo lo posible para dotarse de una armada de alta mar (MacMillan, 2013:141).

Al mismo tiempo China, a diferencia del Imperio japonés, si sumase este poder marítimo a su ya poder continental, se erigiría en la gran potencia global. No en vano, se encuentra ubicada dentro del continente euroasiático, vital para la geopolítica, como demuestran los postulados del internacionalista Zbigniew Brzezinski[10] recogidos en su famosa obra *El gran tablero mundial*[11], pues en él se concentra, entre otras cosas, el 72% de la población mundial.

China ya posee acceso al centro del continente, a diferencia del imperialismo nipón que lo intentó sin éxito[12], por lo que se encuentra sumamente favorecida por la geografía, más que la propia Rusia, al estar situada en un paralelo donde el frío y las aguas heladas no son un impedimento para el establecimiento de grandes contingentes poblaciones y su comercio marítimo (Kaplan, 2013:243). Por esta razón, como decíamos, si China dispusiera de un poder marítimo que le permitiera controlar el mar de China, más allá de asegurar su abastecimiento y su seguridad, no sólo alcanzaría el estatus de potencia regional, sino también mundial.

En definitiva, tanto para japoneses como para chinos, el dominio del mar de China, o cuando menos que no lo controle «otro», es capital para su seguridad y proyección.

[10]   Zbigniew Brzezinski (1928-2017), fue consejero de Seguridad Nacional durante la administración Carter. Se trata de un politólogo e internacionalista de gran relevancia en los Estudios Internacionales, destacando su obra *El gran tablero mundial* por su gran significación geopolítica y su fuerte impronta en la corriente realista dentro de los estudios de las Relaciones Internacionales.

[11]   Brzezinski, Zbigniew (1998). *El gran tablero mundial*. Barcelona: Paidós.

[12]   Expansión del imperialismo japonés a expensas, en un principio, de la Unión Soviética y, después, ante China.

3
EL IMPERIALISMO JAPONÉS EN EL MAR DE CHINA

En este capítulo veremos cómo en la Edad Contemporánea varias potencias se han disputado el dominio del mar de China, siendo la proyección del poder naval occidental una de las principales causas del dominio de Occidente sobre Japón y China que, no olvidemos, nunca fueron colonias al uso de las potencias euroamericanas. Y es que China fue más bien una «semi-colonia», donde dadas sus enormes dimensiones e importancia en el comercio, únicamente unos pocos enclaves costeros o emporios fueron conquistados y tan sólo con el dominio de ellos será suficiente para poder mantener postrado al gigante asiático y obligarle, como posteriormente a Japón, a abrirse al exterior. En este sentido, la apertura se logró con la ayuda del citado poder marítimo y su vocación expansionista. Tanto es así que el Japón Meiji y la China manchú buscarán su propio poder naval para reaccionar y rechazar tales acciones foráneas. Si bien el Japón Meiji lo logró, la China del momento cayó prematuramente mientras planeaba dotarse de una fuerza naval. En la actualidad, el Partido Comunista Chino ha retomado dichos planes y ya se verá si lo consigue, y con qué fines.

3.1. HISTORIA DEL IMPERIALISMO Y PODER MARÍTIMO JAPONÉS

La pretensión imperialista del período Meiji tiene como antecedente el contacto fortuito que supuso la llegada del comodoro estadounidense Matthew C. Perry[13] en 1853. El Imperio del Sol Naciente, muy a su pesar y contrario a

---

[13] La Restauración Meiji viene precedida del contacto fortuito que supuso la llegada del comodoro estadounidense Matthew C. Perry en 1853, así como del resto de potencias. Japón extrajo que debía hacer lo propio para asegurar su posición internacional (Hall, 1970:277).

su voluntad, se vio obligado a abrir sus fronteras, también al resto de potencias (incluyendo naturalmente a España, que seguía siendo una potencia en la región), con los consiguientes tratados desiguales.

Japón extrajo de estos sucesos que debía hacer lo propio para asegurar su posición internacional (Hall, 1970:277), es decir, subyugar al «otro» a su voluntad e intereses. No en vano, la llegada y las exigencias de Perry, con la llamada «diplomacia del cañonazo»[14], supuso tal vergüenza que Japón se encomendó encolerizadamente hacia la modernización del país para alcanzar sus objetivos: garantizar su seguridad nacional y lograr un estatus de igualdad ante las potencias occidentales (Schirokauer; Lurie; Gay, 2014). Pero, ¿cómo se podían lograr tales objetivos?

Japón entendió que, a partir de esta política de modernización, había que destinar sus capacidades a favor de una política expansiva, que suministrase y dotase a Japón de la suficiente fuerza para garantizar su seguridad frente al «otro» occidental. Y dado su carácter insular, al igual que Gran Bretaña, ser una potencia marítima era una condición *sine qua non* para tal fin. No en vano, el mar es el que la defiende y la separa de las otras potencias, y quien le conectará con sus futuras colonias (mercados). Así, siendo una potencia marítima, será una potencia colonial viable[15].

No obstante, hasta los propios dirigentes del Japón Meiji de los años 70 y 80 eran conocedores de las limitaciones y los riesgos que corría Japón de efectuar una política expansionista, como se vio durante el *Seikanron*[16], a sabiendas de que las potencias occidentales podían devorar el país para engrandecer sus respectivos imperios. Por esta razón, antes de iniciar su expansionismo, Japón se fortaleció ante un eventual envite foráneo.

Ya en el período de finales del siglo XIX y principios del XX, Japón se vio con la suficiente fuerza para iniciar su expansionismo, acorde a su poderío económico e industrial, como EE.UU. y Alemania, para reivindicar una posición en la escena internacional (Hall, 1970). Ello debido a que tales potencias llegaron tarde al reparto de los territorios y estaban ansiosas por tener o ampliar sus dominios coloniales.

---

[14] Así es como se conocerá el mecanismo de presión que implica utilizar la armada para obligar a otro país a plegarse a sus exigencias. Japón la sufrirá con EE.UU. y, paradójicamente, la empleará sobre la Corea Joseon en décadas posteriores.

[15] Cabe recordar que el Imperio español cayó y se desmoronó por carecer de una gran armada para defender sus colonias.

[16] Debate entre Saigo e Iwakura para invadir o no Corea, al no reconocer al gobierno Meiji (Hall, 1970).

De esta manera, como señala Immanuel Wallerstein[17], el ascenso del imperialismo en Japón, ligado al capitalismo, era un claro reflejo del proceso de su introducción en el sistema mundial. Como argumenta el niponólogo Marius Jansen[18], Tokio deseaba su propio territorio para poder desarrollarse (Lee, 1994:99-100). La idea era, por tanto, dar forma a una aspiración expansionista y de dominación regional en busca de materias primas y de mercados para asegurar un gran estatus en el concierto internacional. Dicho objetivo no será fácil, pero era claro.

3.1.1. Expansión del Imperio japonés: el dominio y control de territorios

Japón comienza a expandirse sabedor de sus objetivos, por lo que ninguna de las contiendas que efectuará será baladí, teniendo un claro trasfondo geopolítico y geoestratégico en cada una de ellas, con la idea de aumentar los territorios y su hegemonía en la región.

De este modo, al disponer de una razonable armada, Japón intentó hacerse con el control de Corea, dada su importancia geoestratégica[19] y ser uno de los pocos territorios ajenos al dominio occidental, pues era un estado ligado a la influencia china. En este sentido, ambas potencias asiáticas dirimirán sus diferencias en la Primera Guerra sino-japonesa (1894-1895), que significó el fin de la consideración de China como eje central o «Reino del Centro» de Asia Oriental a favor de Japón y, lo más importante, la destrucción total de su flota. Desde entonces, el Imperio japonés se erigirá como la potencia asiática dominante. Además, tal victoria nipona, rubricada en el Tratado de Shimonoseki (1895), estipulaba que China otorgaba a Japón: la isla-provincia de Taiwán, las islas Pescadores y la península de Liaodong. Aparte China aceptaba la plena independencia de Corea, así como se comprometía a pagar los costes de la guerra. Y por si esto no fuera poco, también se firmó una cláusula por la que Japón era reconocido con el mismo estatus alcanzado por las potencias occidentales (Reischauer, 1990:129).

---

[17] Immanuel Wallerstein (1930-2019), fue un sociólogo y geopolítico norteamericano creador y máximo exponente de la Teoría de «sistema-mundo».

[18] Marius Jansen (1922-2000), fue un niponólogo e historiador estadounidense profesor en la Universidad de Princeton.

[19] La península coreana es rica en hierro para la construcción y abastecimiento de su armada, como vital para la seguridad nipona, al ser una especie de cabeza de puente o trampolín para iniciar un ataque sobre el archipiélago nipón y, al mismo tiempo, para adentrarse en el continente asiático.

Por otro lado, la enorme apuesta e inversión del Imperio japonés en Taiwán, a diferencia de Corea y Manchukuo en un futuro[20], se entenderá por las grandes bondades geopolíticas y geoestratégicas que puede ofrecer al Imperio del Sol Naciente, dentro de lo que más tarde denominarán la «Esfera de Coprosperidad de la Gran Asia Oriental»[21]. Y es que la isla ocupa un lugar central en la región (Lin, 2012:1066). Tanto es así, que como mínimo desde 1870 los estrategas nipones ya habían puesto sus ojos en ella (Martínez-Robles, 2014:8). Ciertamente Taiwán se ubica en medio de las rutas comerciales de Asia-Pacífico gracias a su privilegiada situación en el mar de China, como también es el punto de unión entre Asia Oriental y el Sudeste Asiático[22] (Lin, 2012:1060). De esta forma, la adquisición de Taiwán congratuló a la armada por su gran valor geoestratégico.

Al poco tiempo se produjo sin embargo un hecho que solivantó a la opinión pública japonesa y al ejército, que aún se encontraba en júbilo por la gran victoria frente a los chinos. La península de Liaodong fue retornada a China debido a la llamada Triple Intervención[23] de Francia, Alemania y Rusia (Hall, 1970:278), que certificó a los japoneses la necesidad de buscar aliados y de aumentar su poder para hacer frente a las potencias occidentales. Es decir, desarrollar una política exterior prudente acompañada de un todavía mayor gasto militar (Schirokauer; Lurie; Gay, 2014:250). En este sentido, el aliado natural era Gran Bretaña, quien rivalizaba con dichas potencias y podía nutrir de un mayor poderío naval al Imperio japonés[24], por lo que en

---

[20]   Si bien fueron notables las inversiones en Corea y Manchukuo, no alcanzaron el peso y las esperanzas depositadas por Japón en la isla, como refleja el hecho de que las corporaciones japonesas trasladaron su sede a esta (Lin, 2012:1068-1070), así como en el enorme desarrollo en infraestructuras como el transporte, ya sea ferroviario o marítimo, y la ampliación de puertos (Lu, 2010:60).

[21]   También visto desde el pensamiento japonés como «una guerra de liberación de Asia», *Ajia kaiho senso* (Pelletier, 2011, 641).

[22]   Taiwán permite rivalizar con Hong Kong, que era el puerto neurálgico del comercio regional al ser la puerta de entrada y salida de los productos que se comercian en China. Japón quería hacer lo propio y expandir su influencia económica en la región en detrimento de Gran Bretaña y de los occidentales en conjunto (Lin, 2012:1060).

[23]   La Triple Intervención fue llevada a cabo por el Imperio alemán, el Imperio ruso y Francia con el fin de corregir el Tratado de Shimonoseki entre el Imperio chino y el Imperio japonés que ponía fin a la Primera Guerra sino-japonesa. Dicha intervención diplomática tuvo lugar el 23 de abril de 1895 y la razón de la misma es que los tres países intervinientes entendían que la península de Liaodong era imprescindible para sus planes de expansión en la zona (Moreno, 1992:120).

[24]   Con la alianza, enseguida se aprobó un plan de rearme naval, denominado «Esperanza y determinación».

1902 se firmó la Alianza anglo-japonesa (en japonés *Nichi-Ei Dōmei,* 日英同盟). La primera alianza entre una potencia occidental con una asiática, que reconocía a Japón en pie de igualdad con Occidente (Hall, 1970:279); y por el que Tokio se aseguraba que, ante una hipotética o eventual guerra contra una potencia (léase, Rusia), si ésta era apoyada por un tercero, contaría con el apoyo británico. Además, al aliarse con la otra gran talasocracia, su seguridad insular se incrementaba notablemente.

Una vez logrado tener las espaldas cubiertas, Tokio decidió su expansión hacia el norte debido a sus intereses inmediatos (Corea) y a que el sur ya estaba colonizado, especialmente por su nuevo aliado y socios de este. El gran contendiente de Japón por el control y dominio del noreste asiático era, sin duda, el Imperio ruso. La Rusia zarista estaba muy interesada en la zona como demuestra la construcción del transiberiano (1891-1903), pasando por Manchuria camino de Vladivostok y, sobre todo, por el contrato de arrendamiento de Port Arthur, actual ciudad de Dalian, en la península de Liaodong en 1898.

Rusia no se preocupaba por mantener una buena relación con Japón, puesto que dicho puerto se encontraba en la península en la cual, tres años antes, se había producido la humillante derrota diplomática para Tokio, tras la Triple Intervención, de no poder obtener dicho enclave territorial como estipulaba el acuerdo de paz con la China Qing (Martínez; Sasot, 2011:32). En efecto, ambos imperios chocaban en Corea y Manchuria, así como Rusia buscaba tener una salida al mar de China Oriental, por lo que la guerra entre ambos países era inevitable. Así se produjo la llamada Guerra ruso-japonesa (1904-1905), en donde la Armada Imperial Japonesa[25], siguiendo las tesis del poder marítimo de Mahan, destrozó a las dos flotas rusas, la del Pacífico y la del Báltico, que a lo postre significaron la total desaparición del poder marítimo ruso en tales aguas.

Con la derrota del Imperio ruso, Japón tenía el camino abierto para ocupar Corea, pues antes logró el beneplácito de EE.UU. al «desistir» en sus pretensiones sobre las Filipinas a favor de Washington con el Acuerdo Taft-Katsura[26] (1905); y de Gran Bretaña con la renovación del citado Tratado anglo-japonés en ese mismo

---

[25] La Armada Imperial Japonesa, en japonés *Dai-Nippon Teikoku Kaigun,* 大日本帝國海軍, literalmente «Armada del Gran Imperio japonés».

[26] El Acuerdo Taft-Katsura, (en japonés: 桂・タフト協定), fue un acuerdo diplomático entre EE.UU. y Japón encabezado por el secretario de guerra William Howard Taft y el primer ministro de Japón Katsura Taro, que dan nombre a dicho acuerdo por el cual Japón renunciaba a Filipinas (en manos de los norteamericanos desde 1898 tras su victoria en la Guerra hispano-estadounidense), en aras de que Washington reconociese los derechos de Tokio sobre Corea.

año (Hane, 2003:159). Además, Japón se erigía en la gran potencia marítima en el mar de China Oriental. Este hecho, catapultó al Imperio del Sol Naciente a un gran prestigio internacional, siendo desde entonces el modelo y foco de admiración de sus vecinos asiáticos al convertirse en el primer país en vencer a una potencia occidental. Con en el Tratado de Portsmouth (1905), a Tokio se le reconocía sus intereses y derechos sobre Corea y Manchuria, y adquiría la ansiada península de Liaodong («arrebatada» anteriormente con la llamada Triple Intervención), además de la mitad sur de Sajalín y la totalidad de las Kuriles (Hall, 1970:278-282).

De este modo, tras varias décadas de lucha, parecía que al fin se había llegado a un equilibrio de fuerzas en el tablero de Asia-Pacífico y que las potencias reconocían sus respectivas zonas de influencia: el Imperio británico, el valle del Yangtsé y el sur de China; Francia, Indochina; el Imperio alemán, Shandong y Micronesia[27]; EE.UU., las Filipinas y Guam; y finalmente, el Imperio ruso y japonés, el noreste asiático (Martínez; Sasot, 2011:32-33).

No obstante, tal éxito provocó en los japoneses el llamado «mal de victoria», siendo ahora insuficiente su respeto internacional y sus ansias expansivas sobre el noreste asiático. Si Japón había «renunciado» a priori a las Filipinas a favor de EE.UU., a cambio del reconocimiento americano y británico sobre Corea y refrendado en su anexión en 1910, aún pretendía su expansión hacia el sur (*Nan-yo*), para por supuesto incrementar su presencia en China y sus costas del mar de China (Martínez Taberner, 2011).

En este sentido, con el estallido de la Primera Guerra Mundial (1914-1918) se le abría una oportunidad irrechazable al entrar en ella del lado de su aliado británico. Este hecho se vio reflejado y refrendado con la victoria de las tropas

---

[27] Alemania obtuvo territorios en Micronesia en detrimento de España por medio del Protocolo Hispano-Alemán de 1885 (en Roma, gracias a la mediación papal) y el Tratado germano-español de 1899 por el que Madrid vendía sus últimos territorios de ultramar, tras el Desastre del 98, a Berlín por un montante de 25 millones de pesetas como consecuencia de no poder defenderlas. Corresponde advertir que este hecho ha significado un cierto debate en la historiografía española a raíz de la publicación de Emilio Pastor (1950), que aseguraba que España aún poseía tierras en el Pacífico. Sin embargo, estudios posteriores encabezados por Emilio Sáenz-Francés demuestran que la intención de España era deshacerse por completo de sus posesiones del Pacífico, como demuestra el hecho de que durante más de cincuenta años España no hizo uso efectivo de las islas ni se preocupó de su seguridad, por lo que la postura de Pastor debe entenderse dentro del contexto franquista y a las necesidades de propaganda del propio régimen (Sáenz-Francés, 2015).

japonesas, junto al apoyo de soldados británicos en la Batalla de Qingdao, frente a las tropas del Imperio alemán y sus aliados austriacos.

Con la derrota alemana, Japón logró sus posesiones en Asia-Pacífico: las islas Marianas, Carolinas y Palaos (hasta 1899 españolas, y luego alemanas), además de Shandong en China.

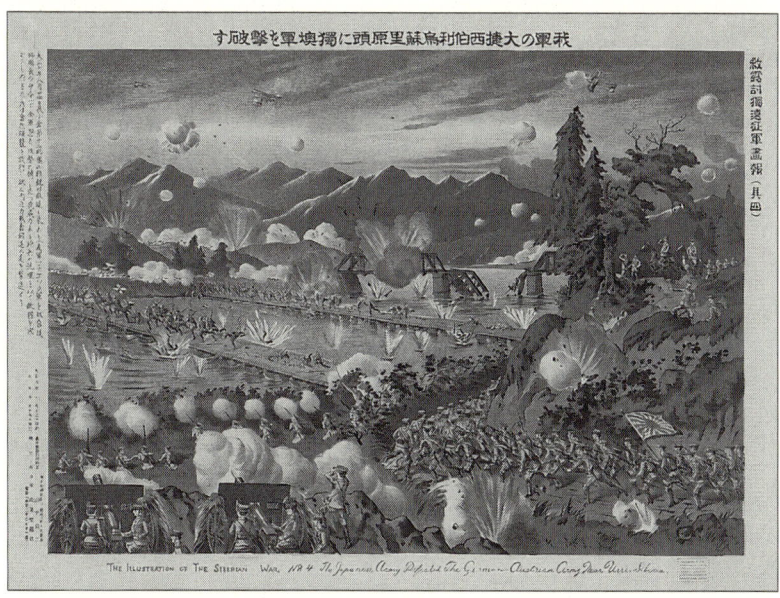

Fig. 3. Batalla de Qingdao en 1914, principalmente, entre el Imperio alemán y japonés.
Fuente: Biblioteca del Congreso de Estados Unidos.

De esta manera, una vez derrotados los alemanes y rusos, los únicos rivales que quedaban para el control del mar de China eran EE.UU. y Gran Bretaña, situación que tales potencias también valoraban. De ahí sus esfuerzos por limitar la rápida expansión de la armada nipona como se observó en la Conferencia de Washington de 1921, donde se fijaba el tonelaje de la armada británica, estadounidense y japonesa en una proporción de 5-5-3 respectivamente. Además, en tal conferencia, se puso fin a la Alianza anglo-japonesa a favor del «Pacto de las Cuatro Potencias» (Gran Bretaña, EE.UU., Francia y Japón), donde se comprometían a respetar sus derechos en Asia Oriental y a consultarse ante una eventual crisis. Japón aceptó todo ello dado que EE.UU. y el Imperio británico renunciaban a la construcción de puertos navales en Guam, Singapur y Hong Kong, dándole la hegemonía naval en Asia-Pacífico (Beasley, 1995:242-243).

Sin embargo, los militares japoneses no entendieron tales limitaciones por un período de diez años por lo que, cuando se precisaba de una renovación de los postulados de Washington en la Conferencia naval de Londres en 1930, viendo la continuación de tales límites que suponían un serio revés a los planes de la Armada Imperial Japonesa de incrementar su poder, se produjo la separación de las fuerzas políticas civiles y militares. Este hecho tuvo consecuencias posteriores decisivas, como fue el llamado «Incidente de Manchuria» (1931), que llevará a Japón a la Segunda Guerra sino-japonesa (1937) y al ascenso del fascismo.

En 1933 Japón abandonará la Sociedad de Naciones por sus severas críticas ante las acciones niponas en China. Asimismo, al alejarse del sistema de tratados con los anglo-estadounidenses, los militares podrían al fin satisfacer sus necesidades bélicas para contener a la URSS en las fronteras de Manchuria, garantizar la seguridad de las islas ante la armada estadounidense y convertirse en el «defensor» de los pueblos asiáticos. En coherencia a ello, en 1936 firmará el pacto Anti-Komintern.

En esta línea, su aproximación a la Alemania nazi también venía sobrevenida por la necesidad de poner el foco en su principal rival, la alianza anglo-estadounidense, pues eran los únicos que discutían su poder en China y en la región, y que no pensaban renunciar a su protagonismo en la zona (como si lo hiciera la URSS con el Pacto de no agresión de 1941[28]). Se observará este nuevo escenario cuando EE.UU. y Gran Bretaña apoyen a China en la Segunda Guerra-sino-japonesa iniciada en 1937 y, más adelante, militarmente con el estallido de la Segunda Guerra Mundial. En ella, Japón entró a favor de las potencias del Eje, luchando y tomando numerosas posesiones de los Aliados, especialmente del Imperio británico, centrándose en su expansión hacia el sur.

Esta guerra parecía inevitable a causa de la necesidad de materias primas y de mercados para el Imperio japonés, y que venía precedida de la renuncia a su expansión hacia el norte tras las derrotas frente a la URSS en 1938 y 1939, y en sintonía con el Pacto de no agresión germano-soviético de 1939[29]; y, obviamente, a las tensio-

---

[28]   El Pacto de neutralidad soviético-japonés (en japonés *Nisso Churitsu Joyaku*, 日ソ中立条約), vino precedido por el Pacto de no agresión germano-soviético firmado en 1939 y que propició el reparto de Polonia y la consiguiente Segunda Guerra Mundial. Al mismo tiempo, ponía fin a una lucha entre soviéticos y japoneses por el dominio de Manchuria. Cabe decir que este pacto se firmó el 13 de abril, desconociendo los japoneses que sus aliados alemanes pensaban atacar en junio de ese mismo año a la Unión Soviética con la llamada Operación Barbarroja. Algo que nadie podía prever y que molestó sobremanera a la diplomacia nipona pues entendían que este pacto de no agresión durante 5 años ya no tenía razón de ser.

[29]   Oficialmente Tratado de no Agresión entre Alemania y la Unión de Repúblicas Socialistas Soviéticas (URSS), y también conocido como Pacto Ribbentrop-Mólotov en honor a los dos ministros de Asuntos Exteriores de ambos Estados firmantes.

nes con los anglosajones, como el embargo de petróleo, por el expansionismo japonés que buscaba un mayor control sobre China y, por tanto, de su costa al mar de China (especialmente meridional), como del resto de países ribereños de dicho mar como las Filipinas. Este último enclave resulta, cuando menos, de gran valor geoestratégico para la conquista de los otros países del Sudeste Asiático y, al mismo tiempo, se erige como nexo entre el mar de China y el océano Pacífico, más allá de su conexión con las ya posesiones japonesas, especialmente con Taiwán y las islas Ryukyu.

En esta línea, si Corea fue la pieza clave para controlar el mar de China Oriental y el noreste asiático, en cierta medida junto con Manchuria, Filipinas lo será para el control del mar de China Meridional y el Sudeste Asiático.

En efecto, Japón tomará rápidamente Filipinas en 1942, como casi toda la región, aunque por poco tiempo, debido al rearme y creciente poder marítimo de Estados Unidos y la caída del de Japón como consecuencia del empuje del primero (más allá de la detonación de las dos bombas atómicas en agosto de 1945).

Fig. 4. Mapa del expansionismo japonés en Asia-Pacífico desde 1870 hasta 1945.
Fuente: GNU Free Documentation License, extraído de Wikipedia.

4

LA BÚSQUEDA DE LA CHINA HEGEMÓNICA EN EL MAR DE CHINA

Con el fracasado intento de disponer de un notable poder marítimo, dada la dura derrota en la Primera Guerra sino-japonesa a finales del siglo XIX, China continuó postrada durante toda la primera mitad del siglo XX bajo el yugo extranjero (especialmente nipón). Esta postración se remontaba desde las llamadas Guerras del Opio contra Gran Bretaña y Francia, a mediados del s. XIX, y que se prolongó hasta el final de la Segunda Guerra Mundial, dando lugar a lo que se conoce como el «Siglo de las Humillaciones».

Dicha centuria se caracterizó por las injerencias extranjeras en la política interna china, tanto era así, que llegaron hasta el estribo de poder fragmentar territorialmente el Reino del Centro sin oposición alguna, algo que marcó y socavó el orgullo nacional (ver fig. 5). Y el motivo por el que el PCCh, desde su llegada al poder, ha hecho todo lo posible por remediar o revertir las heridas que ocasionó tal espacio de tiempo en la identidad china, ya sea como nación o como cultura tradicionalmente hegemónica.

Con la derrota nipona en la Segunda Guerra Mundial y la posterior «semia-lianza» con Estados Unidos durante la Guerra Fría[30], China no precisó ni volvió a interesarse en la construcción de una gran fuerza naval. Máxime al centrarse en la consolidación de su poder territorial, con la recuperación del Tíbet y las luchas

---

[30]   Como refleja el propio Henry Kissinger, fue una semialianza cuya *«meta declarada por China fue la de contar con Estados Unidos como contrapeso respecto al 'oso polar'»*. Es decir, la URSS. Una vez caída esta, la alianza entre ambas potencias carecía de sentido (Kissinger, 2012:293), pues, a grandes rasgos, se sustentaba en la premisa de que *«el enemigo de mi enemigo es mi amigo»*.

fronterizas con la India, la Unión Soviética y Vietnam, entre otras cuestiones internas del país. Todo ello, en aras de recuperar los territorios, y la estabilidad política, anteriores a la llegada del imperialismo europeo.

Fig. 5. Obra que representa a las grandes potencias de 1898 dividiéndose China, ejemplificada en un pastel, ante la impotencia china.
Fuente: Biblioteca Nacional de Francia.

No obstante, con el fin de la Guerra Fría, que supuso la terminación de la «semia-lianza» con EE.UU., y su vertiginoso ascenso económico, cada vez resultaba más imprescindible poseer un destacado poder marítimo. No sólo por los recelos y temores que pudiera suscitar a Washington, sino también a sus propios vecinos (Wang; Zhang, 1998:1-9). En ese sentido, Pekín se ha embarcado en la misión de lograr proyectar un considerable poder marítimo que aleje a dichos actores de sus costas; objetivo que no logró en el pasado, pero que esta vez tiene visos de poder conseguirse. No sólo por el actual benévolo contexto que atesora y atraviesa China, sino también por la decidida «apuesta nacional» que Xi Jinping[31] dedica en tal empresa.

---

[31] Xi Jinping (1953-), presidente de la República Popular de China desde 2013 y secretario general del Partido Comunista de China. A nivel internacional destaca por su diplomacia activa, traducida en una mayor presencia en el contexto internacional ejemplificada en políticas como la Nueva Ruta de la Seda o el Banco de Inversiones Asiático. A nivel interno, destaca por políticas

Y es que el nacionalismo chino se ha convertido en una característica propia de su política exterior, al estar cada vez más presente en la escena política china, como consecuencia de la paulatina sustitución que está efectuando el PCCh entre comunismo y nacionalismo. En esto se apoya para su futura legitimación en el poder a causa del evidente abandono de las tesis marxistas. Dicha sustitución igualmente le da una notoria legitimidad a ojos chinos[32] pues, como decíamos, fue el PCCh quien puso fin al caos y a las calamidades que padeció el pueblo chino durante el «Siglo de las Humillaciones». Por esta razón, la relevancia total que confiere el Gobierno chino a su soberanía e independencia, ya que su continuidad y pervivencia dependen de ello.

En resumen, toda esta ansia hegemónica posee un gran halo nacionalista, puesto que entienden que en ello no sólo está en juego su seguridad nacional, sino también su estabilidad interna, que se podría ver en entredicho si su orgullo nacional fuera de nuevo mancillado. Ya sea por volver a estar sujeto a los intereses de una potencia extranjera o ser incapaces de «recuperar» el dominio de los territorios perdidos durante los siglos XIX y XX, China se moviliza armamentísticamente. Y es que no debemos olvidar que tanto la isla de Taiwán, como el resto de islas del mar de China, fueron perdidas, en el presente y marcado imaginario chino, a causa de la vorágine imperialista de Europa y Japón. En ese imaginario se dibuja la idea de restituir su antiguo dominio imperial que, si recordamos los viajes del almirante Zheng He[33], se podrían extender hasta el golfo Pérsico y el mar Rojo, escenarios vitales para el actual desarrollo económico chino (Kaplan, 2013:255).

---

destinadas a fomentar el nacionalismo y la cultura han en el conjunto del pueblo chino como en la lucha contra la corrupción tanto dentro como fuera del partido, que le han aupado a un poder mayor dentro del PCCh que el de sus antecesores. Tanto es así que ha logrado rebasar los dos mandatos presidenciales como máximo que establecía la legislación china. En este sentido, ha establecido palabras o postulados con su nombre dentro de la constitución china, al igual que hizo en su día Mao Zedong. Ambos, únicos líderes en hacerlo.

[32] Fue el PCCh quien puso fin al «Siglo de las Humillaciones», acabando con el caos inherente a la desunión interna (señores de la guerra, guerra civil, etc.), así como por el imperialismo exterior. Con estos puntos, según el confucianismo, el PCCh está legitimado a gobernar, ya que ha supuesto un enorme desarrollo social y económico para China, por lo que oponerse a él sería poner en peligro tales logros y una vuelta al caos (ello en sintonía con el nacionalismo, al acabar con la tutela exterior). Así, irónicamente, quien fue el supresor de tales valores confucianos, ahora se erige en su máximo defensor.

[33] Zheng He (1371-1435), un eunuco musulmán originario de la provincia de Yunnan y cuyo padre había peregrinado a La Meca. Éste navegó hasta Champa (sudeste de Vietnam), Java, Sumatra, Malaca, Ceilán, Calicut (sur de la India), Ormuz, Arabia, llegando incluso a Somalia y Zanzíbar (Frèches, 2006: 286). Todo ello durante siete expediciones, donde una

Por consiguiente, el PCCh entiende que es necesario contar con un gran poder marítimo que asegure sus rutas de abastecimiento y sea capaz de alejar de sus fronteras a eventuales enemigos. Igualmente, ambiciona restablecer, en la medida de lo posible, las fronteras precedentes a la llegada del hombre occidental.

4.1. Pretensiones hegemónicas chinas en la región a partir de los conflictos marítimos en el mar de China: ¿En busca de la Gran China?

China, sabedora de que desea revertir la situación que implicó el «Siglo de las Humillaciones», se ha propuesto recuperar la supremacía regional y, en buena medida, los territorios que una vez formaron parte de su imperio. Especialmente, los territorios de ámbito marítimo debido a las prebendas geopolíticas que pueden ofrecer. Algo que veremos más detalladamente en los próximos capítulos.

En esta línea, como potencia ultrarrealista[34] que es, tiene como objetivo establecerse en el África subsahariana para poder disponer de recursos petrolíferos y minerales (neocolonialismo). Al mismo tiempo, y más importante, anhela asegurar la ruta marítima que transcurre por el estrecho de Malaca y que conecta sus puertos con el «continente negro» y el golfo Pérsico debido a sus hidrocarburos (Kaplan, 2013:254). Algo que pretende hacer con el incremento de su armada y la construcción de puertos en los países que la separan de sus fuentes de riqueza (Myanmar, Sri Lanka, etc.), y donde su marina pueda establecerse. En 2005 Andrew Marshall, director del Departamento de Defensa de EE.UU. (1973-2015) y estratega del Pentágono, denominó esta estrategia como «collar de perlas» en un informe titulado *Futuros de la energía en Asia*. En dicho informe se afirmaba que: *«China está construyendo relaciones estratégicas a lo largo de las rutas marítimas desde Medio Oriente hasta el mar del Sur de China de*

---

de ellas llegó a tener bajo el mando de Zheng a unos treinta mil hombres, muy por encima de las expediciones portuguesas que se daban por esas fechas y que dan muestra del enorme potencial chino (Coutau-Bégarie, 1990:373).

[34] Morgenthau establecerá los principios del realismo político, los cuáles se sustentarán a groso modo en tres premisas: 1) estatocentrismo, donde las relaciones internacionales giran exclusivamente en torno a los intereses estatales; 2) naturaleza conflictiva de las relaciones internacionales al vivir en un mundo en permanente conflicto dada la anarquía que conlleva un estado de guerra «de todos contra todos»; 3) existencia de una centralidad del poder sujeta y perteneciente a los estados unitarios que actuarán como un todo dentro del sistema internacional, asumiendo que los estados son unos entes racionales y unitarios por los que el realismo debe sustentar sus análisis. Algo que se explica con la metáfora de las «bolas de billar», ya que los estados son unitarios (impenetrables) y se encuentran en constante conflicto (choque), lo cual rechaza la idea de comunidad (Barbé, 2008:61-62). Y, a grandes rasgos, donde se situaría Pekín.

manera que sugieren un posicionamiento defensivo y ofensivo para proteger los intereses energéticos de China, pero también para atender vastos objetivos de seguridad»[35].

No obstante, aparte de ello e incluso antes de ello, debido a sus acuciantes necesidades de hidrocarburos se han incrementado las tensiones geopolíticas en la región de Asia-Pacífico; surgiendo varios conflictos en el mar de China, frutos en gran medida de las riquezas naturales que envuelven tales aguas (López-Davadillo; Martín, 2012:333). Así, en esa línea geopolítica más que histórica y nacionalista, la principal razón por la que China está ampliando su armada se sustenta en la idea de establecer dos líneas de defensa que garanticen su seguridad y su proyección internacional (léase que garanticen su viabilidad, especialmente en cuanto a suministro energético se refiere). Dichas líneas son denominadas como: «Primera Cadena de Islas», desde Japón hasta Borneo; y «Segunda Cadena de Islas», referentes a Ogasawara, Guam, Saipán y Papúa Nueva Guinea. Conceptos acuñados dentro de la estrategia militar china a la hora de defender sus tierras ante un eventual ataque extranjero (básicamente estadounidense).

En este sentido, los conflictos territoriales, herederos del fin de la Segunda Guerra Mundial y de la Declaración de El Cairo[36] (1943), que posee China con sus vecinos asiáticos por las islas Paracelso, Spratly y Natuna; podrían certificar su dominio del mar de China Meridional, por medio de las prebendas que ofrecen sus respectivas Zonas Económicas Exclusivas. Y, al mismo tiempo, para poder proyectarse al océano Índico a través del estrecho de Malaca.

Por otro lado, en ese mismo sentido, las Senkaku/Diaoyu harían lo propio con el mar de China Oriental. Sumando que se encuentran entre la cadena de islas que conectan Japón y Filipinas y que definen el límite entre los mares interiores y el océano Pacífico propiamente dicho. Al hacerse con tales islas podrían adentrarse en alta mar dentro de la llamada «Segunda Cadena de Islas» (Oki, 2013). Pretensión similar, salvando las distancias, a lo que en su día buscó la URSS al anexionarse las islas Kuriles, pues con ellas su flota se podría adentrar al Pacífico desde el mar de Ojotsk.

---

[35] «China Builds up Strategic Sea Lanes». [en línea]. *The Washington Times*, 17 de enero de 2005.

[36] En dicha declaración a manos de Estados Unidos, URSS y Gran Bretaña, se estipulaba que Japón tenía que devolver todos los territorios adquiridos a partir de 1914 y todos aquellos conquistados a China. Con lo que algunas islas en el mar de China quedaban en el limbo, pues pertenecían a las metrópolis europeas y fueron conquistadas por Japón. Pero, ¿a quiénes pertenecen? A las colonias que se han convertido en naciones o a China que históricamente podría atribuírselas (las Paracelso fueron conquistadas a China por Francia).

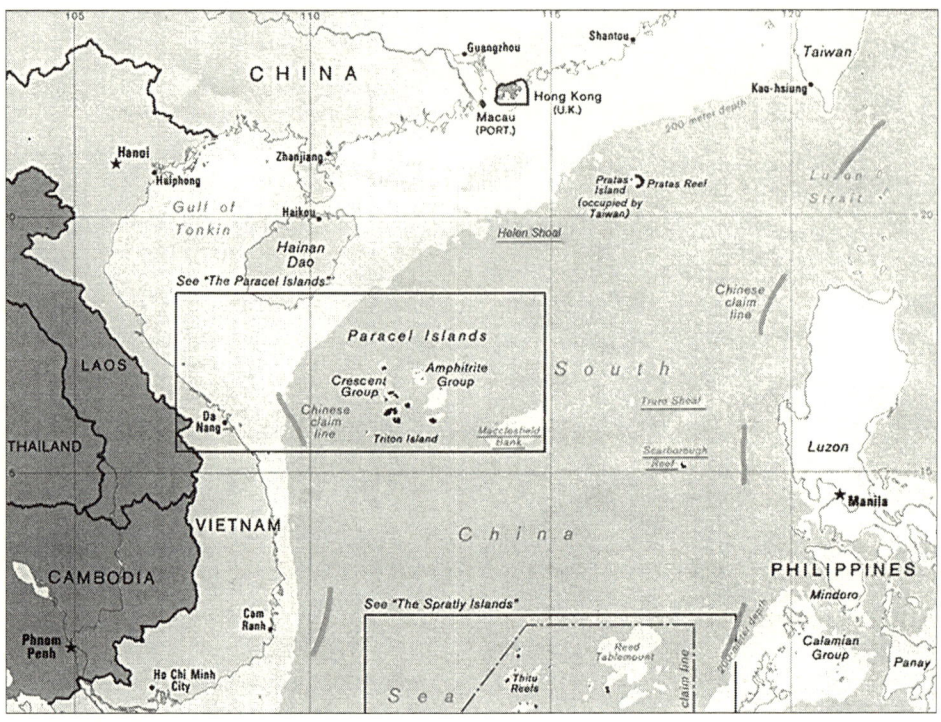

Fig. 6. Mapa de los conflictos marítimos en el mar de China Meridional y las ZEE.
Fuente: CIA.

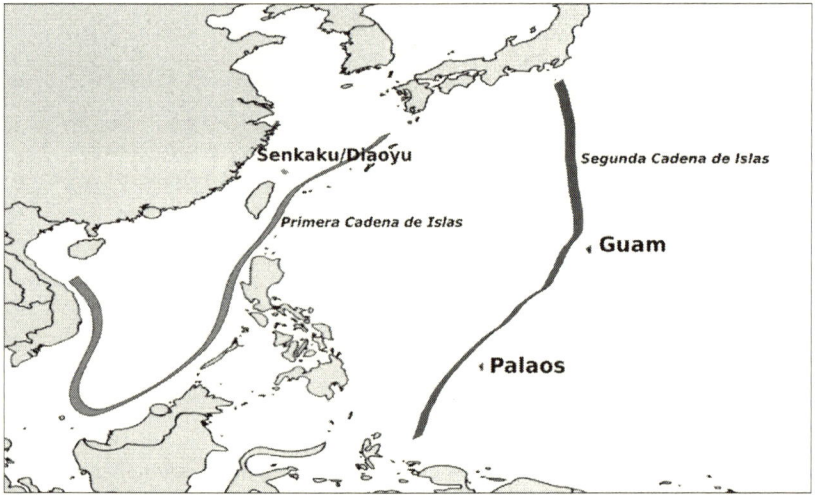

Fig. 7. Mapa de la Primera y Segunda Cadena de Islas que desea crear la armada china
y territorios controlados por EE.UU. y Japón que socavan dicha pretensión.
Fuente: Elaboración propia.

De este modo, la adquisición de todas estas islas podría en gran medida romper esa Primera Cadena de Islas que constriñen a la Armada china dentro del mar de China (Gómez de Ágreda, 2011). Aunque con tan sólo tomar Taiwán, considerada por la ONU una isla inherente a China, Pekín ya tendría acceso al Pacífico, como también una cabeza de puente para poder dominar su mar circundante (Mackinlay, 2013:104).

No obstante, a tal pretensión se opone, entre otros, EE.UU. juntamente con su aliado nipón. No en vano, pretenden lo mismo para sí, controlar la región. Por esta razón, el establecimiento de lo que se conoce como la *«Gran Muralla a la inversa»* en palabras de James Holmes y Toshi Yoshihara, puesto que EE.UU. y sus aliados han trazado una línea que va desde Japón hasta Australia, que imposibilita el libre acceso de China al Pacífico (Kaplan, 2013:273). Curiosamente, a la inversa de la estrategia de las llamadas cadenas de islas planteada por Pekín. Esta percepción y pretensión del dominio marítimo del mar de China, por parte de Estados Unidos y sus aliados, puede suponer una colisión con China. No en vano, ésta, debido al crecimiento económico que está experimentando, con las necesidades energéticas y comerciales que ello conlleva, y de acuerdo con su geografía e historia, es natural que desee proyectarse hacia el exterior para aumentar su influencia regional e internacional (Brzezinski, 1997:186-188).

Por este motivo, dado el vertiginoso ascenso de la economía china y de su armada conforme a las teorías de Mahan, EE.UU. está siguiendo los planteamientos del historiador británico Julian Corbett[37], contemporáneo de Mahan, que sostenía que se puede hacer más con menos barcos. Pues para Corbett el hecho de que un país pierda el control del mar, no quiere decir que lo haya ganado otro (según los postulados de Mahan). Afirmando que una coalición naval de armadas, aparentemente débiles, si se constituye de manera adecuada (agruparse rapidísimamente en una flota unificada en el momento que fuera preciso), se puede convertir en una «fuerza real». A ello Corbett lo denomina como «flota en potencia» (Kaplan, 2013:154-155), que es lo que parece que EE.UU. y Japón están buscando, viendo sus maniobras, junto a sus aliados en la región.

Independientemente de ello, queda clara la suma importancia que supone el mar de China para la Geopolítica y Geoestrategia para las grandes potencias y el devenir de la gobernanza global. De ahí, como decíamos, la considerable disputa

---

[37] Julian Corbett (1854-1922) fue un historiador naval y geoestratega británico, cuyas teorías dieron forma a la Royal Navy por medio de su obra: *«Some Principles of Maritime Strategy»* (1911).

por su control. Y es que estas pretensiones hegemónicas marítimas de China, que detallaremos a continuación, sumadas a sus más que notorios avances en los territorios terrestres, con la anexión de Xinjiang (1949) y el Tíbet (1951), como el creciente papel de la diáspora china; instan a plantearse la cuestión de si Pekín pretende erigir lo que algunos expertos tildan como la «Gran China». En pocas palabras, unir todo el *mundo chino*, y que en su día el imperialismo europeo separó o distanció. Pero eso es otra cuestión, de difícil pelaje, por lo que resulta conveniente tratarla en otro momento o trabajo para no alejarnos del presente objeto de estudio en torno al mar de China. Y, en cuanto al mismo, parece palpable que Pekín pretende desarrollar un espléndido poder marítimo como veremos seguidamente en relación a sus pretensiones sobre las islas en litigio de su mencionado mar circundante.

5

EL CONFLICTO DE CHINA CON JAPÓN POR LAS ISLAS SENKAKU/DIAOYU EN EL MAR DE CHINA ORIENTAL

A la hora de analizar el conflicto de las islas Senkaku 尖閣/Diaoyu 钓鱼, como se las conoce respectivamente en japonés y chino, entendemos necesario realizar una breve presentación de dichos enclaves para situarlos en el mapa. No en vano, se trata de una disputa que, hasta hace relativamente muy poco, no se tenía apenas constancia en el mundo occidental. Algo que actualmente ha cambiado debido a los recientes incidentes, sobre todo en clave nacionalista que, con su consiguiente tensión, ha habido entre Pekín y Tokio en torno al mencionado litigio (ver tabla 2); y, lo que ello puede acarrear para la seguridad regional. De este modo, a causa de esta manifiesta actualidad y magnitud de tal disputa, pretendemos conocer el origen y las consecuencias de este desencuentro.

Dicho esto, las Senkaku/Diaoyu son un conjunto de cinco islas y tres peñascos o islotes, administrados por Japón[38], que comprenden una superficie territorial de 5'53 km². Estas se encuentran ubicadas en el mar de China Oriental, entre las islas Ryukyu y el continente asiático y muy cerca del llamado estrecho de Miyako que da acceso al océano Pacífico. Concretamente, a 170 km de Taiwán y Japón, y a unos 330 km de la China continental (ver fig. 8).

En este sentido, las islas se han erigido en una de las principales problemáticas que obstaculizan el entendimiento entre ambas potencias asiáticas, así como eleva y pone de manifiesto los recelos que se suscitan la una y la otra. A su vez, esto se traduce en pretensiones que derivan en una política exterior cada vez más

---

[38] Forman parte de la ciudad de Ishigaki perteneciente, a su vez, a la prefectura de Okinawa.

«agresiva» o, cuando menos, activa en lo militarmente se refiere; incrementando la presencia militar en la zona y, por añadidura, el presupuesto de Defensa de los distintos países ribereños del mar de China.

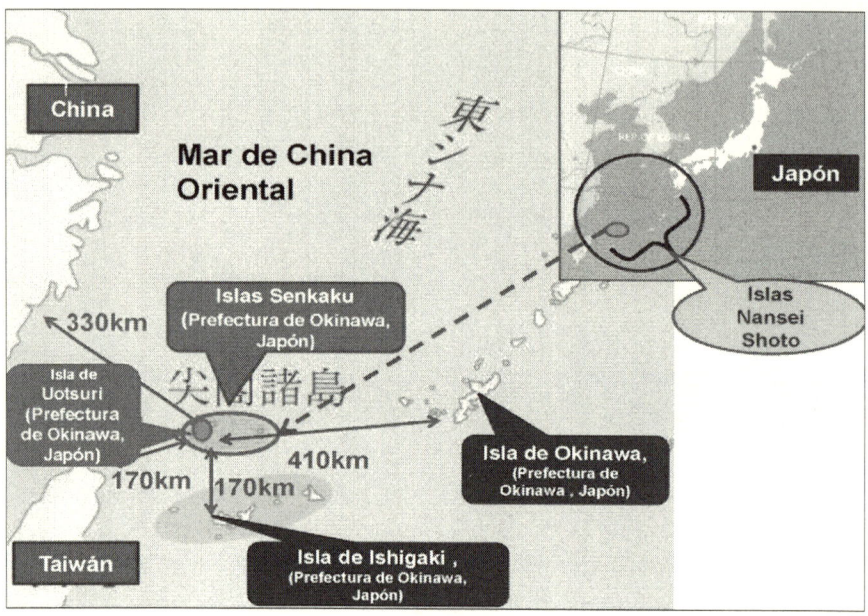

Fig. 8. Situación de las islas Senkaku/Diaoyu.
Fuente: Ministry of Foreign Affairs of Japan (MOFA).

No en vano, estamos ante uno de los focos de tensión más importantes de la región, ya que se sitúa en una zona de considerable valor geopolítico al disponer de grandes fuentes de hidrocarburos y de recursos pesqueros, como también hallarse en el transcurso de una de las principales rutas marítimas del comercio mundial.

De esta manera, dependiendo de sobre quién recaiga la soberanía de las islas, conllevará una serie de prebendas al Estado beneficiario que irán en perjuicio del «otro».

5.1. Evolución histórica del conflicto de las Senkaku/Diaoyu

El origen del conflicto de las Senkaku/Diaoyu se podría remontar al 14 de enero de 1895, cuando el Imperio japonés las incorporó formalmente como parte de su territorio. Aunque cabe advertir que Tokio no realizó ningún comunicado público de la toma de posesión del territorio en liza, lo que a ojos de Pekín le resta legitimidad al no haberle concedido la posibilidad de protestar tal adquisición.

La diplomacia japonesa alega que la anexión de las islas se produjo tras la culminación de unos estudios, realizados en 1885, donde se aseguraba que las islas no habían estado bajo control chino. De esta forma, en los citados estudios, se calificaban a las Senkaku/Diaoyu como *terra nullius* o «tierra de nadie», teniendo Tokio el derecho de asumir su soberanía, de acuerdo a la legislación marítima internacional de la época.

Dicha interpretación parece rubricada al observar que en el artículo 2 del Tratado de Shimonoseki, celebrado el 17 de abril de 1895 y que ponía fin a la Primera Guerra sino-japonesa (1894-1895), no se hacía alusión a ellas como parte de Formosa o de las islas Pescadores cuando estas fueron cedidas a Japón. Eso sí, sí que se habla de «*islas colindantes bajo la administración de Formosa y Pescadores*». Y he ahí el problema, para Tokio no era territorio chino debido a que hacía varios meses que estaban bajo su soberanía de acuerdo a la anexión anteriormente citada; y para Pekín, por otro lado, sí que eran suyas, pues entiende que dichas islas pertenecían a Taiwán como islas adyacentes de esta última.

De este modo, para las autoridades niponas, las Senkaku/Diaoyu no pueden ser incluidas dentro de los territorios a los que renunció con el Tratado de Paz de San Francisco de 1951. Es más, las islas que nos ocupan, tras la Segunda Guerra Mundial pasaron a ser administradas por los estadounidenses, cuya vuelta a la soberanía nipona no se produjo hasta 1972. Algo que, para Tokio, certifica y verifica su legítimo derecho sobre las islas en la escena internacional.

No obstante, poco antes de la mencionada devolución por parte de Estados Unidos, la Comisión Económica de Naciones Unidas para Asia y Lejano Oriente publicó un informe (1968) donde se mostraba la existencia de importantes yacimientos de hidrocarburos en la zona.

Ante tal informe, se produjo una pronta reclamación de las islas por parte de las autoridades de Taipéi y Pekín (1971), aludiendo que el enclave en litigio había formado parte del Imperio chino, desde el siglo xiv (López i Vidal, 2012), como parada de avituallamiento durante las travesías de los pescadores chinos. Aparte de ello, para reforzar sus argumentos, tanto China como Taiwán también alegan que, durante la ocupación japonesa de Formosa, dicho territorio ostentaba la jurisdicción de las islas en disputa (Sajima, 2010:40). En ese sentido, entienden que Japón debería haber devuelto las Senkaku/Diaoyu a dominio chino, en el mismo instante que lo hizo con Formosa al considerarlas como parte de esta última. Es decir, como un todo en sí mismo.

Estas posturas, bien definidas desde los años 70, pasaron a un segundo plano como consecuencia del contexto de la Guerra Fría, donde Japón y China normalizaron sus relaciones auspiciadas por la reciente «semi-alianza» de EE.UU. y la

República Popular de China frente a la Unión Soviética[39]. De esta forma, con el fin de firmar el Tratado de Paz y Amistad en 1978[40] y adherirse a esta sorprendente alianza, las autoridades chinas y japonesas decidieron[41], en palabras de Deng Xiaoping[42], dejar el problema para *la siguiente generación*; manteniéndose aparcada la disputa durante la década de los ochenta (López i Vidal, 2010:144).

Sin embargo, con el fin de la Guerra Fría, dicho conflicto comenzó a agravarse debido a que los tres actores de la mencionada semi-alianza ya no poseían un «enemigo» en común, la Unión Soviética. Desde entonces, este nuevo contexto geopolítico ha fortalecido los lazos de Japón y Estados Unidos a costa de un distanciamiento hacia China a causa de su exponencial ascenso (Delage, 2010:180). Y, es más, a medida que transcurre el tiempo, la rivalidad y enemistad entre Japón y China se acrecienta azuzada por un fuerte nacionalismo que ocasiona distintos incidentes sobre las islas (ver tabla 2), que no hacen más que enturbiar y erosionar una relación bilateral ya de por sí difícil de desarrollar y profundizar. Especialmente, porque se trata de una relación lastrada por la pesada y trágica experiencia que supuso la Segunda Guerra sino-japonesa (1937-1945), principalmente para la memoria del pueblo chino.

[39]   En 1972, gracias a la *Diplomacia del ping-pong* ideada por Henry Kissinger, se logró normalizar las relaciones entre Estados Unidos y China de la mano de sus respectivos líderes Richard Nixon y Mao Zedong.

[40]   Para poner oficialmente fin a la Segunda Guerra Mundial entre ambos países y normalizar sus relaciones.

[41]   Esta decisión, la niegan las autoridades japonesas, puesto que cuando el primer ministro Kakuei Tanaka preguntó al primer ministro Zhou Enlai sobre las islas, el 27 de septiembre de 1972, este último comentó que preferiría hablar del tema de las Senkaku/Diaoyu en otro momento. Ante tal respuesta, su interlocutor japonés simplemente se limitó a estar en silencio. De este modo, como decíamos, para las autoridades niponas no se aceptó tal proposición y, por tanto, la existencia de un problema de soberanía sobre las islas Senkaku/Diaoyu. Algo que sus homónimos chinos no comparten en absoluto.

[42]   Deng Xiaoping (1904-1997), 邓小平 en chino simplificado, fue el presidente de la República Popular de China (1978-1989). Se caracterizó por su política de «apertura económica» que ha posibilitado el gran desarrollo de China en las últimas décadas, completada con su política de las «Cuatro Modernizaciones» que ideó su mentor el ex primer ministro Zhou Enlai.

Tabla 2. Cuadro cronológico de las islas Senkaku/Diaoyu.

Antecedentes e incidentes históricos sobre la soberanía de las islas Senkaku/Diaoyu		
Fecha	Acontecimientos	Actores implicados
1372	**China alega que descubrió las islas Senkaku/Diaoyu en dicha fecha** China argumenta su uso histórico desde la Dinastía Ming (1368-1644), como muestra de su soberanía, algo que se entiende en los documentos de la época al situarla dentro de los mapas pertenecientes a la nación china, puesto que parece ser que era punto de parada para navegantes y pescadores chinos.	China
1403	**Existencia de documentos que justifican la titularidad china** En archivos históricos chinos se refleja el descubrimiento de las islas, así como se detallan sus características geográficas.	China
1556	**Las islas se incorporan a la defensa marítima de China**	China
1884	**Las islas comienzan a ser frecuentas por ciudadanos japoneses para explotar sus recursos naturales** Ello es fruto por la anexión de las islas Ryukyu en 1879, que supuso una mayor presencia en la zona cada vez más enfocada a extenderse por esos lares, tal y como refleja la inmediata anexión de Formosa e islas Pescadores.	**Japón Reino de Ryukyu**
1895	**Japón anexiona las islas** Al certificar que eran «tierra de nadie», el Gobierno japonés toma posesión de las islas como parte de la Prefectura de Okinawa.	**Japón**
1895	**Tratado de Shimonoseki** Pone fin a la Primera Guerra sino-japonesa (1894-1895), en donde China cede a Japón: Formosa y las islas Pescadores, sin hacer alusión a las Senkaku/Diaoyu.	China y Japón
1896	**La isla es habitada por ciudadanos japoneses** Se establece una empresa japonesa para la conserva del pescado bonito que se mantiene hasta 1940. Habitándose la isla principal durante ese tiempo y llegando a tener una población de 200 habitantes.	Japón
1943	**Declaración de El Cairo** Japón deberá devolver todos los territorios adquiridos a partir de 1914 y todos aquellos conquistados a China.	EE.UU., URSS, Reino Unido
1945	**Declaración de Potsdam** En ella se establecen los términos de la posible rendición japonesa. Estipulando que Japón tan sólo mantendrá las cuatro grandes islas del archipiélago nipón y las pequeñas islas que ellos determinen.	EE.UU., URSS, Reino Unido
1945-1952	**Ocupación estadounidense de Japón** Tras finalizar las Segunda Guerra Mundial, Japón queda bajo mandato de las autoridades estadounidenses.	Estados Unidos y Japón
1951	**Tratado de San Francisco** Tratado de paz entre Japón y las potencias aliadas tras la Segunda Guerra Mundial. En él se establecía la renuncia de todas las posesiones japonesas conquistadas desde finales del s. XIX. Regresando Formosa e islas Pescadores a China. Aunque las islas Ryukyu quedaron bajo administración fiduciaria estadounidense.	Japón, China y Estados Unidos (fue rubricado por 49 países)

Antecedentes e incidentes históricos sobre la soberanía de las islas Senkaku/Diaoyu		
Fecha	**Acontecimientos**	**Actores implicados**
1952	**Tratado de Paz de Japón con la República de China (Taiwán)** En él, Japón renuncia explícitamente a Formosa, islas Pescadores, Paracel y Spratly, así como a los territorios anteriormente chinos (en sintonía con el Tratado de San Francisco).	Japón y Taiwán
1968	**Naciones Unidas emite un informe en donde señala que las islas poseen grandes recursos energéticos** La Comisión Económica de Naciones Unidas para Asia y Lejano Oriente anuncia la riqueza energética que albergan las islas.	Naciones Unidas
1971	**Estados Unidos negocia con Japón la devolución de las islas Ryukyu** En ese año llegarán a un acuerdo por el que, al año siguiente, Japón volverá a disponer bajo su soberanía de las Ryukyu y las Senkaku. Algo que desencadenó una serie de protestas en China, pero especialmente en Taiwán.	Estados Unidos y Japón
1971	**China y Taiwán declaran su soberanía sobre las islas**	China y Taiwán
1972	**Estados Unidos retorna las islas Ryukyu a Japón junto a las islas Senkaku/Diaoyu** Nombrándose explícitamente la devolución de las islas Senkaku/Diaoyu.	Estados Unidos y Japón
1978	**Incidente civil por la reclamación de las islas** Una flotilla de barcos chinos se aproxima a las islas Senkaku/Diaoyu. En contrapartida, un grupo ultranacionalista japonés (Nihonseinensha), construye un faro en la isla más grande del archipiélago en disputa.	China y Japón
1990	**Incidente al intentar un grupo nacionalista japonés restaurar el faro de 1978** Tal acción desencadena fuertes protestas en Taiwán.	Japón y Taiwán
1992	**Ley sobre el Mar territorial y la Zona contigua** En referencia a su soberanía marítima y de las islas Senkaku/Diaoyu.	China
1996	**Incidente nacionalista por la reclamación de las islas** Un activista chino muere ahogado al intentar plantar una bandera china en las islas. Por su parte, los nacionalistas japoneses construyen otro faro.	China y Japón
2003	**China comienza a perforar los alrededores de las islas en busca de recursos energéticos** Tal acción fue llevada a cabo unilateralmente conllevando protestas de las autoridades niponas.	China y Japón
2004	**Incidente al desembarcar siete ciudadanos chinos en las islas**	China y Japón
2008-2013	**Incursiones de buques chinos en las islas** Desde 2008 embarcaciones chinas de carácter gubernamental han penetrado en la zona bajo tutela nipona. Siendo la de 2013 la incursión que más tiempo a permanecido en territorio japonés (14 horas). A ello se suma que a finales de 2012 un avión de la fuerza área china penetró en el cielo inherente a las Senkaku/Diaoyu. Lo que Japón entiende como una estrategia para mermar la soberanía japonesa de las islas.	China y Japón

Antecedentes e incidentes históricos sobre la soberanía de las islas Senkaku/Diaoyu		
Fecha	**Acontecimientos**	**Actores implicados**
2010	**Incidente por el arresto de un pesquero chino por parte de Japón** La detención del pesquero y su tripulación que se encontraba en las aproximaciones de las Senkaku/Diaoyu supuso un grave incidente internacional. Japón liberó de inmediato a la tripulación salvo al capitán, al cual pretendían juzgar. No obstante, dadas las presiones chinas (incluidas las económicas), fue liberado sin cargos.	**China y Japón**
2012	**El Gobierno japonés anuncia la compra de tres de las islas que componen las Senkaku/Diaoyu tras distintos episodios ultranacionalistas chinos y japoneses** Episodio más tenso vivido entre ambas potencias dado el gran revuelo nacionalista que suscitó entre los contendientes. Situación que avivó sobremanera los fantasmas del pasado, amenazando la relación entre los dos países.	**China, Japón y Taiwán**
2013	**El Gobierno chino declara una Zona de Identificación de Defensa Aérea (ADIZ) que incluye las islas Senkaku/Diaoyu** La declaración de la ADIZ de manera unilateral ha supuesto una escalada de la tensión en la región, pues aparte de las Senkaku/Diaoyu también se superpone con el espacio aéreo surcoreano. Todo ello, ha llevado a la no aceptación de la misma por parte del resto de países (como refleja el vuelo de dos bombardeos estadounidenses y cazas japoneses y surcoreanos en dicha zona sin previo aviso a Pekín), con lo que ello supone.	**China, Japón, Estados Unidos y Corea del Sur**

Fuente: Elaboración propia a partir de Hall (1970); Beasley (1995); Gernet (2005); Bueno (2009); García Segura, Pareja Alcaraz (2010); López i Vidal (2010a, 2012); Kissinger (2012); Xulio Ríos (2013a); y, el *Ministry of Foreign Affairs of Japan* (MOFA).

5.2. IMPLICACIONES DEL CONFLICTO DE LAS SENKAKU/DIAOYU

Igualmente, independientemente de sobre quien recae la soberanía de las islas, lo cierto es que todos entienden que se juegan mucho en los citados enclaves, principalmente a nivel geopolítico pues, como decíamos, se encuentran ubicadas en una zona rica en recursos. Por lo que la delimitación de su Zona Económica Exclusiva[43] (ZEE) resulta clave debido a que implicaría todo un cambio en el tablero regional.

---

[43] *«Una franja marítima de 200 millas marinas sobre la cual los Estados tienen derechos especiales de explotación y de uso de recursos marítimos, eso es, gas, petróleo y pesca»* (López i Vidal, 2012). A esto último debemos sumar la *Ley del Mar Territorial* (1992) elaborada por el Gobierno chino que le legitima para el uso de la fuerza a la hora de reivindicar sus reclamaciones territoriales y que, obviamente, está pensada para las islas Senkaku/Diaoyu. Ello como consecuencia de la rivalidad histórica que posee con Japón. Sin embargo, dicha ley también se circunscribe al resto de litigios marítimos que posee Pekín a lo largo de todo el mar de China con sus vecinos del sudeste asiático.

Sin ir más lejos, en el plano geoestratégico, podría ser una buena plataforma para poder auparse por el control del mar de China Oriental. Y, en el caso chino, facilitaría a la Armada del Ejército Popular de Liberación su salida al océano Pacífico. Léase a alta mar y, por consiguiente, aumentar la proyección de su poder marítimo. Ello en sintonía y dentro de la estrategia de crear dos líneas de defensa[44], bautizadas o nombradas por los expertos como «cadenas de islas», con el fin de alejar de sus costas a la armada estadounidense (Kaplan, 2013). Y es que no debemos obviar que, para Pekín, las Senkaku/Diaoyu son un conflicto más, cuyo control, sumado al dominio del resto de islas en litigio que posee en el mar de China Meridional, le daría el dominio del mar de China en su conjunto y, por ende, de la región de Asia-Pacífico.

No obstante, a esa pretensión china de dominar su mar circundante se oponen EE.UU. y Japón, actuales señores de dicho mar. Y a ellos, se suman los países de la Asociación de Naciones del Sudeste Asiático (ASEAN, en sus siglas en inglés), puesto que, como decíamos, padecen distintas disputas marítimas con Pekín. Básicamente las islas Paracelso con Vietnam; y las Spratly con Filipinas, Brunéi, Malasia y de nuevo Vietnam.

Por otro lado, pero íntimamente relacionado con lo anterior, aunque en un aspecto más geoeconómico; para controlar la región es inevitable tener asegurado el abastecimiento y reducir al máximo la dependencia exterior, principalmente del inestable golfo Pérsico[45]. De ahí que se peleen por la titularidad de dichos enclaves, pues más allá de reforzar el control sobre una importante vía marítima, que las une con sus fuentes de suministro energético (esencialmente a Japón), las propias aguas de las Senkaku/Diaoyu albergan grandes yacimientos de hidrocarburos[46].

Así, a tenor de lo citado, observamos que hay mucho más en juego que 5'53 km² territoriales. Y que dependiendo de sobre quién recae la titularidad de las islas, puede haber notables cambios a nivel geopolítico, gracias a su ZEE que las agranda sobremanera (200 millas náuticas a la redonda, más el territorio que las

---

[44] Dichas líneas son denominadas como: «Primera Cadena de Islas», desde Japón hasta Borneo; y «Segunda Cadena de Islas», referentes a Ogasawara, Guam, Saipán y Papúa Nueva Guinea (Kaplan, 2013).

[45] Lucha que también se ha visto reproducida en el norte al buscar contratos con Rusia (Soto, 2006b:254).

[46] Se estima que la ZEE de las islas Senkaku/Diaoyu podría albergar la para nada desdeñable cifra de 95.000 millones de barriles de petróleo (Carrasco, 2007:25).

separa). Y, especialmente para la defensa y seguridad china al alejar considerablemente de sus costas a Japón y, por consiguiente, a Estados Unidos.

Y es que, más allá de si las islas entran dentro de un gran plan estratégico chino para el dominio regional. En el caso que nos ocupa, el de las Senkaku/Diaoyu, no debemos olvidar que EE.UU. es el garante de la seguridad y defensa japonesa sobre este tema (y en suma de la región[47]), conforme al Tratado de Seguridad de 1960[48], por el cual también se rigen las islas como han repetido, en saciedad de ocasiones, las grandes instancias de la diplomacia norteamericana. De esta manera, Washington concede a Tokio su paraguas nuclear de cara a poder lidiar de forma más equitativa o equilibrada con Pekín. Algo de vital importancia para la seguridad y diplomacia nipona, ya que a medida que transcurre el tiempo, Japón se encuentra en una posición más endeble respecto a China debido al carácter pacifista de su constitución[49] y, sobre todo, al vertiginoso ascenso del gigante asiático.

De todas formas, lo más preocupante de este asunto, como decíamos, es el discurso en clave nacionalista[50] que se da a esta coyuntura. Este elemento, ciertamente, podría poner en peligro la seguridad de la zona a causa de las temerarias acciones que provoca[51] (Bueno, 2005:296).

[47] Los países de la ASEAN reclaman a Washington debido a los contenciosos territoriales que sostienen con Pekín, básicamente con las islas Paracel y Spratly, ya que ambos archipiélagos poseen enormes recursos naturales como las Senkaku/Diaoyu (Sajima, 2010). Y es que la presencia de EE.UU. asegura la estabilidad de la zona, asumiendo un gran coste (Sutter, 2007:4).

[48] Este Tratado es una especie de «ley» por la que debe desenvolverse la diplomacia nipona. EE.UU. se compromete a defender la seguridad japonesa hasta que Tokio pueda asumir la responsabilidad de su propia defensa (Jansen, 2000:702).

[49] El artículo 9 de la Constitución japonesa de 1947 niega el derecho a la guerra o la beligerancia al Imperio del Sol Naciente.

[50] *«Bien gestionados, los sentimientos nacionalistas de reafirmación frente a Japón o EEUU podrían ser otro pilar de fortalecimiento estatal»* (Soto, 2005:4). Empleándolo para legitimar y asegurar la gobernanza del Partido Comunista Chino.

[51] Ha habido varios ejemplos de ellos, siendo uno de los más notorios el de 2004, cuando un submarino nuclear chino se introdujo en aguas teóricamente japonesas y provocó la alerta a las fuerzas marítimas de Japón. Algo que ocurría por segunda vez desde la Segunda Guerra Mundial (Sajima, 2010:42). No obstante, el último episodio acaecido en septiembre de 2012, en donde el Gobierno japonés se ha visto a comprar estas islas dado el nacionalismo radical del ex-alcalde de Tokio que deseaba comprarla junto a otros nacionalistas para asegurar su «japoneidad».

Afortunadamente, la economía es el factor más brillante para aliviar este caldo de cultivo al profundizar en sus relaciones (Delage, 2005:176). Y es que, más allá de los recelos y diferencias que las distancian, lo que está claro es que tanto China como Japón saben que están condenadas a entenderse, puesto que cada vez sus economías se encuentran más interrelacionadas[52], y este contencioso perjudica su profundización y los beneficios que ello implica.

Sin embargo, el recelo persiste, ya que China es una incógnita de cara a sus planes de futuro (si continua con el multilateralismo o no). Y a este recelo e incertidumbre que tiene Japón (también Estados Unidos), se ha sumado las demandas de los nacionalistas nipones que ansían ser un país «normal». Es decir, un país que pueda ejercer su peso en el mundo a través del uso de la fuerza militar y que, actualmente, su propia constitución prohíbe.

Esta pretensión de los nacionalistas japoneses, abanderada por el entonces primer ministro japonés Shinzo Abe[53], evidentemente preocupa sobremanera al régimen chino[54]. No sólo por las reminiscencias militaristas niponas, sino también porque, al fin y al cabo, ambas chancillerías desean la supremacía regional (Bueno, 2005:295). Y esto pasa por controlar su mar circundante o, cuando menos, que no lo controle el «otro». Como también asegurar su abastecimiento energético. Algo que con el dominio de las Senkaku/Diaoyu, sin duda sería mucho más fácil.

De esta forma, como consecuencia de las razones geopolíticas expuestas, barnizadas con una fuerte capa nacionalista, la pugna por la soberanía de las Senkaku/Diaoyu, y su respectiva ZEE. Tanto es así, que se ha erigido en todo un problema regional que puede alcanzar cotas insospechadas si no se toman contramedidas para poder encauzar cualquier incidente, en su etapa embrionaria, en torno a las mencionadas islas. Dichas contramedidas o mecanismos para el entendimiento son imprescindibles para la seguridad regional. No en vano, en este contencioso, se ven envueltas las dos grandes potencias asiáticas, más el devoto apoyo de EE.UU. a su aliado nipón.

---

[52] La República Popular de China es el máximo socio comercial de Japón y, éste, a su vez, es el mayor inversor en China tras Hong Kong. De este modo, el mercado chino es esencial para Japón y viceversa, ya que el intercambio comercial asciende a 264.000 millones de euros (Ríos, 2013).

[53] Shinzo Abe (1954-2022). Fue el presidente del PLD y primer ministro de Japón en dos etapas: 2006-2007 y 2012-2020. En este sentido, es el líder político que más tiempo a ostentado el cargo de primer ministro en la historia de Japón.

[54] Y el escudo antimisiles que el Pentágono desea instalar en el archipiélago nipón no ayuda a rebajar los recelos (Ríos, 2010b:38), más bien acrecienta las lógicas conflictivas que puede que se traduzcan en una ruptura de relaciones en el mejor de los casos.

5.3. NECESIDAD DE MECANISMOS DE DIÁLOGO PARA ATEMPERAR ACTUALES Y FUTURAS DESAVENENCIAS

En esta línea, y asumiendo que el fin de la Guerra Fría y la consiguiente caída de la Unión Soviética supuso el fin de la semi-alianza que tenían los tres actores principales de la región. Resulta preciso, ante este nuevo contexto, crear una organización de seguridad que contribuya a la cooperación en la zona y, por ende, límite o acabe con la desconfianza que, en última instancia, pueda desembocar en una nueva «guerra fría». Aunque esta vez entre EE.UU. y Japón con respecto a China.

Por esta razón, visto el éxito inicial cosechado por las Conversaciones a Seis Bandas[55]. Ya en su día Seúl, Tokio y, también, Pekín; solicitaron que este foro se convirtiera en la base de una Organización para la Seguridad en el Nordeste Asiático[56] (Cossa, 2006:84-85), homologable a la Organización para la Seguridad y la Cooperación en Europa (OSCE). Algo que no fructificó, pero que puede ser un buen antecedente para poder alcanzar tan necesaria institución. Máxime si tenemos en cuenta que, con Kim Jong-un, Corea del Norte está implementando de nuevo su programa nuclear y lo que ello puede acarrear para la estabilidad regional.

En este sentido, no debemos olvidar que la OSCE tuvo como origen o punto de partida la Conferencia sobre la Seguridad y la Cooperación en Europa (CSCE),

---

[55]   También conocido como Diálogo de los Seis, aglutina a los seis principales actores militares del Nordeste asiático: EE.UU., China, Rusia, Japón y las dos Coreas. En este sentido, estas conversaciones tenían como objetivo forzar a Corea del Norte a renunciar al desarrollo de su programa nuclear y regresar al Tratado de No Proliferación Nuclear (TNP) del cual se había retirado en 2003. Finalmente, en la tercera fase de la quinta ronda de las conversaciones, se llegó a un acuerdo por el que Corea del Norte renunciaba a su programa nuclear a cambio de recibir combustible. Sin embargo, en 2009 Pyongyang, al ser condenada por Naciones Unidas por haber lanzado varios misiles, decidió salirse de las conversaciones y reanudar su programa de enriquecimiento nuclear alegando que era para aumentar su seguridad.

[56]   Por otro lado, se habla de la creación de una Comunidad de Asia Oriental similar a la Unión Europea (UE), para asegurar la seguridad de la zona (como en el caso de Indonesia en la ASEAN). Pero para ello es necesario que mejoren las relaciones entre China y Japón (Wanandi, 2006:268), además de conocer la postura de EE.UU. al respecto, pues posiblemente no desee otra UE. Lo cierto es que: *«Washington ha visto siempre en las organizaciones multilaterales del Pacífico Asiático instrumentos útiles para promover una mayor cooperación política y económica y mejorar la seguridad regional. No obstante»*(…) *«ninguna administración norteamericana»* (…) *«permitirá que estas instituciones sean vistas como un sustituto de los acuerdos o de las iniciativas bilaterales de EE.UU.»* (Cossa, 2006:90).

acaecida en 1975 en Helsinki para rebajar la tensión durante la Guerra Fría (entre EE.UU. y la URSS, más sus respectivos aliados); y que su actual heredera sirve entre otras cosas de interlocución entre la Federación de Rusia y los Estados que conforman la Unión Europea. Así, haciendo este paralelismo, las Conversaciones a Seis Bandas, podrían ser el germen de una futura institución de seguridad, aprovechando nuevamente el escenario que brinda la crisis de Corea del Norte.

En esta línea, cabe decir que dos miembros del grupo (Rusia y China) han creado y forman parte ya de la Organización de Cooperación de Shanghái (SCO[57], en sus siglas en inglés), que nació para solventar los problemas fronterizos de los países de Asia Central (Haro, 2005:206), y que ahora se centra contra el terrorismo. Sin embargo, dicha organización más bien agranda el recelo de EE.UU. y Japón. Fenómeno que, a nuestro entender, agudiza la necesidad de una organización que aglutine a esta o, cuando menos, colabore con ella. Siempre con la idea de que Pekín y Tokio tengan su propio escenario de interlocución conjuntamente con las otras potencias de la región.

Pero para tal fin, el establecimiento de una organización de cooperación y seguridad regional en Asia-Pacífico, debemos preguntarnos si es posible el entendimiento, entre ambos colosos asiáticos. Y para responder esta cuestión es imprescindible conocer la nueva política exterior de Japón y China. Respecto a Japón, esta parece que va en la línea marcada por los *multilateralistas*[58] que implica el mantenimiento de su «relación especial» con EE.UU., pero con la idea de colaborar

---

[57]   *Shanghai Cooperation Organization's* formada por China, Rusia, India, Kirguistán, Kazajstán, Pakistán, Tayikistán, Uzbekistán e Irán. Teniendo como observadores a Afganistán, Bielorrusia y Mongolia. Aunque *«l'Organització no està dirigida contra cap país o bloc, el cert és que la mateixa existència de l'OCS serveix d'escut per a la penetració en una regió tant important pel que a influències externes i estratègicament competidores».* Se trata de una pieza clave en la seguridad regional y ha supuesto un retroceso de la influencia de EE.UU. en la región tras su aumento después del 11-S (Ríos, 2010b:42-43).

[58]   Debemos señalar que la política exterior japonesa está sometida entre cuatro corrientes o grupos que la conciben de una manera peculiar: 1. Los *independentistas* que desean la eliminación de la presencia estadounidense en Japón y la abolición del art. 9 e incluso de toda la constitución que permita el uso bélico nipón; 2. Los *pacifistas* que también quieren la retirada de tropas foráneas del país, pero que desean mantener la actual constitución; 3. Los *centristas* que defienden el statu quo, es decir la alianza con EE.UU.; 4. Los *multilateralistas* que pretenden mantener la relación estrecha con Estados Unidos, además de incrementar las relaciones con sus vecinos asiáticos para poder revisar el artículo 9 sin los recelos de estos y, por consiguiente, hacer de Japón un «actor responsable» en la seguridad de la zona (López i Vidal, 2010a:64-68).

estrechamente con sus vecinos. Y en cuanto a China, parece que desea un mundo en donde las decisiones sean fruto del consenso como afirmaban Zheng Bijiang y Hu Jintao (Kissinger, 2012:513). Por lo que, teniendo en cuenta tales premisas, a priori es posible la cooperación[59]. Algo que entendemos ejemplificado en los sucesos del 11 de marzo de 2011 en Japón, donde los dirigentes chinos colaboraron estrechamente con sus homólogos nipones para afrontar esos fatídicos momentos provocados por el tsunami. Y, en especial, por las consecuencias del desastre de la central nuclear de Fukushima, con la aportación de grandes cantidades de combustible.

No obstante, y quizás por el nacionalismo que las envuelven, últimamente ambos países trabajan para fomentar los recelos que las distancian, acrecentados por EE.UU., a través del fortalecimiento armado (Abad, 2011). Esta política armamentística tan sólo conlleva un mayor recelo entre los distintos actores de la región.

En resumen, los recelos que se brindan China y Japón, sumado al conflicto que nos atañe en el mar de China Oriental, pueden traducirse en una espiral de tensión hasta fatales consecuencias. Por todo ello, disponer de una institución de seguridad que permita negociar las actuales y futuras controversias rebajaría, en suma, las tensiones que las separan.

5.4. Conclusiones de las islas Senkaku/Diaoyu

En definitiva, las Senkaku/Diaoyu obstaculizan la seguridad, ya que dificultan la interrelación política y económica entre las dos potencias regionales, como se vio reflejado en las protestas contra los productos nipones en China[60]. Ello fruto del ascenso del nacionalismo en ambos países y lo que este conlleva. No sólo por la presión que es capaz de ejercer sobre los gobiernos, sino sobre todo porque a veces se escapa del control gubernamental, realizando acciones que comprometen la posición de un país ante su opinión pública y a la del país vecino.

Lo cierto es que ambos Estados piensan que se juegan mucho en dicho contencioso, especialmente en cuanto a prestigio y dignidad, a pesar de que ganarían

---

[59] Aunque la Casa Blanca, como garante de la seguridad regional y muy recelosa de las organizaciones multilaterales, no le interesa tal organización regional.

[60] En 2012 se produjo una gran ola de protestas en China, contra la embajada y empresas niponas asentadas en el gigante asiático, a causa de la nacionalización de tres islas de las Senkaku/Diaoyu por parte del ejecutivo japonés. Este las había comprado a un propietario privado por un montante que ascendía a 20'5 millones de dólares. Cabe decir que las autoridades chinas se congraciaron con estas protestas.

mucho más dentro de un clima de confianza y cooperación. Sobre todo, sabiendo que no se solucionará esta, y otras problemáticas[61], sin el pertinente consenso entre las dos partes (Ríos, 2013b).

Por todo ello, la imperiosa necesidad de crear organizaciones regionales que incentiven e implementen la comunicación entre Tokio y Pekín en aras de limar asperezas y, ante todo, evitar suspicacias y recelos que agranden la problemática que nos ocupa. No en vano, se corre el riesgo de que dichas islas puedan convertirse, en un momento dado, en todo un *casus belli* como consecuencia de los resentimientos y recelos que ya de por sí se brindan ambas potencias y que, lamentablemente, el presente conflicto no hace más que acrecentar y avivar. Y, en última instancia, dificultan sobremanera las relaciones bilaterales.

---

[61] Otras problemáticas que socavan la relación bilateral son: el *«problema de la Historia»* *(Rekishinomondai,* 歴史の問題), que consiste en la «suavización» del papel de Japón durante la Segunda Guerra Mundial y que se puede interpretar como un revisionismo de la Historia (Hagström, 2009:229); y, por otro lado, las visitas a Yasukuni por parte de los primeros ministros japoneses, ya que se trata de un santuario sintoísta donde se rinde plegaria a todos los soldados caídos en combate por el Imperio japonés, entre ellos a catorce criminales de «Clase A» durante la Segunda Guerra sino-japonesa (Lalinde, 2018a).

6
LOS CONFLICTOS MARÍTIMOS DE PEKÍN EN EL MAR DE CHINA MERIDIONAL

La política exterior china y de seguridad ante los conflictos marítimos se mueve actualmente dentro de los principios universales de la política exterior china, sustentados básicamente en la coexistencia pacífica y el reforzamiento de la cooperación. En ese mismo sentido, la política ejercida contra sus vecinos de acuerdo con tales disputas marítimas, en esencia, es la misma en cada uno de ellos. Sin embargo, los territorios en disputa en el mar de China Meridional son de menor intensidad respecto a las Senkaku/Diaoyu (con la salvedad de las relaciones bilaterales con Vietnam y en menor medida con Filipinas). No en vano, en dicho espacio, China posee un control mucho más efectivo (en algunas islas completamente efectivo), así como más intereses que en los concernientes a las islas Senkaku/Diaoyu. Y es que como hemos dicho anteriormente, el mar de China Meridional es imprescindible para el gigante asiático debido a las rutas marítimas que lo conectan con África, Oriente Medio y Europa. Pero también con los países ribereños de dicho mar, con los cuales su interdependencia económica cada vez es mayor, al tener grandes intereses de toda índole y ámbito con los Estados que conforman la ASEAN. De ahí que emplee un tono más conciliador, aunque en el fondo actúe de la misma forma (léase, socavar la soberanía de sus rivales territoriales).

En esta línea ayuda que, en estos conflictos, el paraguas estadounidense es mucho más difuso que en el caso japonés. Así, posee mejores relaciones con los países ribereños del mar de China Meridional al carecer de un grado menor de irritación y de temor hacia tales naciones, por lo que apuesta más o menos fuerte para solventar dichos conflictos de una manera dialogada en el ámbito bilateral. No en vano, el diálogo y las relaciones no se ven lastradas o mermadas por el «Problema de la historia» (o al menos no tanto) como tampoco por el recuerdo chino del «Siglo de las Humillaciones» (es decir, no se ve arrastrada por su nacionalismo). Todo ello, hace que China no responda con tanta contundencia contra sus vecinos del mar de China Meridional (a excepción de Vietnam, rival tradicional desde la Guerra Fría), como lo hace con Japón (víctima de su pasado), pues pretende acercarlos a su zona de influencia. Otra cuestión es si lo está consiguiendo y que veremos más adelante.

6.1. LAS ISLAS PARACELSO

Uno de los conflictos territoriales que posee China con sus vecinos es el referente al de las Paracelso. Las islas Paracelso, denominadas así antiguamente por los portugueses, y de otra manera como islas Placel (en chino Xisha Qundao 西沙群岛, y Hoang Sa en vietnamita), son un conjunto de islas y rocas actualmente administradas por Pekín (por medio de la provincia de Hainan). Las islas comprenden una superficie terrestre de 6,3 km², estando repartidas en una zona de unos 15 mil o 16 mil km² asentadas en el mar de China Meridional (véase fig. 9), por lo que disponen de unas ZEE de considerable tamaño.

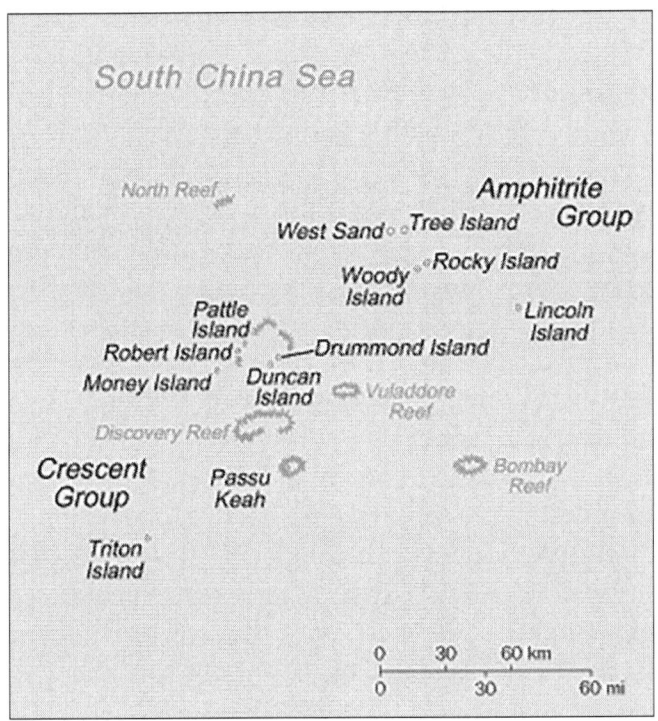

Fig. 9. Mapa de las islas Paracelso.
Fuente: CIA.

6.1.1. **Recorrido histórico de las Paracelso**

Las islas Paracelso aparecen en mapas de la China Qing (1644-1912) y la dinastía vietnamita Nguyen (1802-1945), pero no será hasta 1932 cuando haya un control totalmente efectivo sobre las mismas de la mano del Imperio colonial francés. Esto debido a que desde 1884, tras la Guerra franco-china (1884-1885), toda Vietnam se había convertido en un protectorado francés que, en 1887, daría lugar a la Indochina francesa. Estaría compuesta por una federación de tres regiones vietnamitas (Conchinchina, Tonkín y Annam), más los protectorados de Laos y Camboya.

En esta línea Francia, como metrópoli del Vietnam de los años treinta, ocupó y se anexionó las islas Paracelso, reafirmando tal acción y dominio con la construcción de una estación meteorológica sobre las mismas, concretamente en la isla de Pattle. Poco después, Japón invade y ocupa las islas tras entrar en la Segunda Guerra Mundial a favor de la Alemania nazi y, por tanto, en contra de la alineada Francia en el bando de los Aliados. Una vez finalizada la contienda, las islas son reclamadas por Francia de acuerdo con la Declaración de El Cairo y la Declaración de Potsdam[62], donde Japón debía asumir la pérdida de todos los territorios que había adquirido desde el inicio de su imperialismo. Todo ello rubricado y refrendado oficialmente en el Tratado de Paz de San Francisco de 1951.

De esta forma, cuando Francia perdió la Indochina francesa en 1956, sus derechos y reclamaciones sobre las islas son traspasados o heredados a Vietnam del Sur, país que tendrá un control de facto, al depositar una guarnición militar, sobre las islas Paracelso. No obstante, en 1974, año que podríamos situar en el origen del conflicto, las islas serán arrebatadas a Vietnam del Sur, tras el enfrentamiento armado en la batalla de las Paracel o batalla de Hoang Sa, por la República Popular de China, que implicó la muerte de 18 soldados en una de las islas del archipiélago (García Segura; Ibáñez; Pareja, 2009:81), con las consiguientes críticas y reclamaciones de la República de China (Taiwán) y Vietnam del Norte, defendiendo sus derechos sobre el enclave en liza. En este sentido, cabe destacar que el presidente de Vietnam del Sur solicitó apoyo y ayuda a la Séptima Flota de Estados Unidos que estaba afincada en Filipinas, pero no respondió a tal solicitud (de Laurentis, 2002:6). Quizás porque por aquel entonces EE.UU. y la RPC acababan de empezar a normalizar sus relaciones y lo que ello conllevaba para el

---

[62] En los últimos años de la Segunda Guerra Mundial los Aliados (sustancialmente los líderes de EE.UU., URSS y el Imperio británico) establecieron y acordaron los puntos de la rendición, entre otros países que conformaban las potencias del Eje, de Japón.

contexto internacional de la época. Sea como fuere, desde ese momento, Pekín controla sin ningún tipo de fisura o titubeo dichas islas.

Tal es la rotundidad del dominio chino sobre las islas, que en 1997 Pekín inició la construcción de un puerto y un aeropuerto en la isla de Woody y otro puerto en la isla de Duncan para convertir a las Paracelso en un complejo turístico, además de asentar su dominio logístico y militar sobre ellas.

Después, en 2014, sabedores de que las aguas de las islas son ricas en hidrocarburos, el Gobierno chino autorizó a la petrolera estatal china, Corporación Nacional de Petróleo Submarino de China (CNOOC en sus siglas en inglés), para instalar una plataforma petrolera en las aguas pertenecientes a las islas Paracelso. Dicha concesión desató un fuerte movimiento antichino en Vietnam, alentado por el Gobierno vietnamita, que produjo varios muertos y una apreciable y apresurada salida de los residentes chinos de Vietnam por el temor a las iras del pueblo vietnamita. Y, obviamente, también produjo una fuerte tensión entre ambos países, agitados por algunos medios de comunicación de carácter nacionalista.

6.1.2. Relaciones bilaterales entre Pekín y Hanói y geopolítica del conflicto

A pesar de los incidentes y de la señalada disputa territorial, junto con las Spratly, las relaciones a grandes rasgos son de buena vecindad. No obstante, eso no evita que Vietnam cada vez se encuentre más cercana a EE.UU. como demuestran las maniobras conjuntas que han realizado sus armadas en los últimos tiempos en el mar de China Meridional. No en vano, tampoco debemos olvidar que Vietnam durante la Guerra Fría fue enemigo tanto de EE.UU. como de China, con los cuales tuvo sendas guerras[63].

Puede decirse que Vietnam busca tener buenas relaciones con EE.UU., junto con el resto de los países de la ASEAN, para garantizar su seguridad frente a la preponderancia china sobre los conflictos territoriales del mar de China Meridional. Quizás esto se podría observar como un factor potenciador del conflicto, dado el malestar que causa en Pekín la injerencia estadounidense en sus asuntos internos. Sin embargo, la implicación de EE.UU. en tales asuntos aún queda muy lejos de emular a la que tiene con Japón, especialmente en el caso de las Paracelso, de la cual China disfruta de un total dominio, siendo altamente improbable que EE.UU. se entrometa en una problemática de la cual tiene mucho que perder y nada que ganar.

---

[63] Guerra de Vietnam (1959-1975), entrando EE.UU. directamente en 1965; y la Guerra sino-vietnamita (1979).

De esta forma, realmente, los factores potenciadores del conflicto se sustentan básicamente en la ubicación de las islas, puesto que se emplazan en un territorio rico en recursos naturales, ya sean pesqueros o de hidrocarburos (Carrasco, 2007:23), muy codiciados por Hanói y Pekín, así como por el nacionalismo que las envuelve, semejante al contencioso de las islas Senkaku/Diaoyu. Y es que Vietnam, a diferencia del resto de países ribereños del mar de China Meridional, ha sido un enemigo militar para China[64].

Además, otro factor potenciador del conflicto es que las Paracelso, a diferencia de las Senkaku/Diaoyu, pueden servir como puerto o base militar de la armada china que le permitiría una mayor presencia y, por tanto, control del golfo de Tonkín y, por ende, del mar de China Meridional (también para combatir mejor la piratería de la zona). En pocas palabras, Pekín desea su control al situarse dentro de lo que considera sus líneas estratégicas, de acuerdo a la Primera Cadena de Islas, al igual que las islas Spratly que más adelante detallaremos (Shambaugh, 2002:68).

6.1.3. Conclusiones de las Paracelso

Finalmente, el conflicto de las islas Paracelso difícilmente tiene una solución satisfactoria para ambas partes. Todo parece indicar que China no perderá tales islas, no sólo por el férreo control que tiene sobre las mismas, sino también porque con Vietnam ya tiene varios litigios territoriales como son las Spratly, la delimitación del golfo de Tonkín y de su frontera terrestre común (de Laurentis, 2002:31). Y en todas ellas Hanói posee una posición cada vez más endeble ante la preponderancia del poderío chino. En pocas palabras, Vietnam cuenta con pocas posibilidades de persuasión ante China, y ésta es consciente de ello. De ahí que apueste tan decididamente por tratar estas problemáticas de manera bilateral y no por la ASEAN u otro organismo internacional como el Tribunal de Justicia Internacional.

En definitiva, entendemos que las Paracelso difícilmente van a ir a parar a otras manos que no sean las chinas, por lo que sólo resta confirmar ese desenlace y que Vietnam logre una retirada «honrosa» a sus pretensiones de soberanía sobre las mismas.

---

[64] Taiwán comparte las pretensiones de Pekín sobre el mar de China Meridional.

Tabla 3. Cuadro cronológico de las islas Paracelso.

Antecedentes históricos de las islas Paracelso		
Fecha	**Acontecimientos**	**Actores implicados**
1932	**Francia, como metrópoli de Indochina (donde se encuentra Vietnam), se anexiona las islas**	Francia
1939	**Japón invade las islas** Japón al entrar en la Segunda Guerra Mundial a favor de la Alemania nazi, invade y ocupa dichas islas pertenecientes a Francia.	Japón
1943	**Declaración de El Cairo** Japón deberá devolver todos los territorios adquiridos a partir de 1914 y todos aquellos conquistados a China.	EE.UU., URSS, Reino Unido
1945	**Declaración de Potsdam** En ella se establecen los términos de la posible rendición japonesa. Estipulando que Japón tan sólo mantendrá las cuatro grandes islas del archipiélago nipón y las pequeñas islas que ellos determinen.	EE.UU., URSS, Reino Unido
1951	**Tratado de San Francisco** Tratado de paz entre Japón y las potencias aliadas tras la Segunda Guerra Mundial. En él se establecía la renuncia de todas las posesiones japonesas conquistadas desde finales del s. XIX. Regresando Formosa e islas Pescadores a China. El derecho sobre las Spratly y Paracel fue llevado a cabo por Francia como metrópoli de Indochina, reclamándolas para sí misma con el beneplácito de los presentes. No obstante, tanto la República Popular de China como la República de China no asistieron a tal tratado, como tampoco lo rubricaron.	Japón (fue rubricado por 49 países, entre los cuales no se encontraba ni la República de China ni la República Popular de China)
1952	**Tratado de Paz de Japón con la República de China (Taiwán)** En él, Japón renuncia explícitamente a Formosa, islas Pescadores, Paracel y Spratly, así como a los territorios anteriormente chinos (en sintonía con el Tratado de San Francisco).	Japón y Taiwán
1956	**Francia se retira de las demandas de las islas a favor de Vietnam del Sur** Tras el fin del colonialismo francés en Indochina, Vietnam del Sur asume los derechos de soberanía sobre las islas.	Francia y Vietnam del Sur
1974	**Ocupación china de las islas Paracelso** China se hace con las islas tras un enfrentamiento armado con Vietnam del Sur en la batalla de Hoang Sa.	China y Vietnam del Sur
1975	**Vietnam del Norte toma Vietnam del Sur**	Vietnam
1992	**Ley sobre el Mar territorial y la Zona contigua** En referencia a su soberanía marítima y de las islas Senkaku/Diaoyu, Spratly y Paracelso.	China
1997	**China anuncia su pretensión de convertir las islas en un complejo turístico** Construirá un puerto en la isla de Woody y otro en la de Duncan para tal fin.	China
2014	**La empresa estatal china, CNOOC, instala una plataforma petrolera en las aguas inherentes a las islas** Se desata un fuerte movimiento antichino en Vietnam, produciéndose varios muertos y una apreciable salida de los residentes chinos de Vietnam.	China y Vietnam

Fuente: Elaboración propia a partir de Hall (1970); de Laurentis (2002); Lohmeyer (2008); García Segura, Ibáñez y Pareja (2009); García Segura, Pareja Alcaraz (2010); Sajima (2010); Xulio Ríos (2013a); y Wikipedia.

6.2. LAS ISLAS SPRATLY

En cuanto al otro gran conflicto territorial del mar de China Meridional, el más notorio y complejo que baña dichas aguas, es el de la soberanía de las islas Spratly (en chino Nansha 南沙, literalmente «Arenas del Sur»). Son un grupo de islas, arrecifes de coral y rocas ubicadas en medio del mar de China Meridional. Recibe su nombre del británico Richard Spratly, capitán de un ballenero, que navegó por esas aguas y bautizó a una de las principales islas del archipiélago con su mismo nombre en 1843. Las islas están a unos 400 km de distancia de Vietnam, 300 km de Malasia y Filipinas, y a unos 1500 km de China (Ríos, 2013a:15).

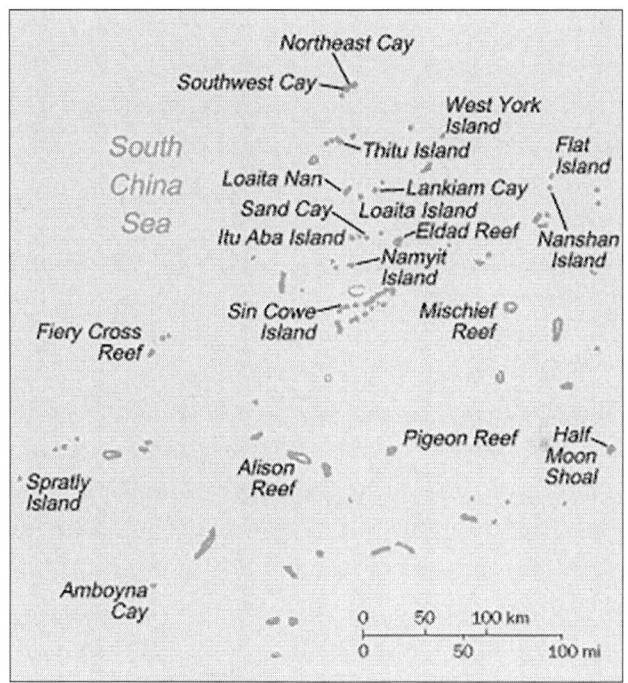

Fig. 10. Mapa de las islas Spratly.
Fuente: Sajima (2010).

Las Spratly comprenden solamente una superficie terrestre cercana a los 10 km². No obstante, se encuentran diseminadas por buena parte del mar de China Meridional, comprendiendo un área que oscila entre 160 mil y 180 mil km² de mar, que con sus respectivas ZEE, hacen que representen una zona extraordinariamente grande, de más o menos unos 534 mil km², es decir, más o menos, el mismo tamaño que España.

Debido a estas grandes dimensiones territoriales, se erigen en esenciales para controlar dicho mar y, por añadidura, la región. Es algo que, a su vez, provoca que varios países se disputen su titularidad, total o parcialmente por las prebendas geopolíticas que estas poseen. Así, por un lado, tenemos a la República Popular de China, República de China (Taiwán) y Vietnam que reclaman la totalidad de las islas de acuerdo a vínculos históricos; y, por otro lado, a Filipinas, Malasia y Brunéi que reivindican sus derechos de soberanía sobre una parte de las islas, alegando su proximidad geográfica a sus respectivos territorios (de Laurentis, 2002:3-5).

6.2.1. Recorrido histórico de las Spratly

Respecto a la historia del archipiélago, fuentes chinas y vietnamitas sitúan su presencia en las islas alrededor del siglo x. No obstante, no será hasta el siglo xix cuando se tenga constancia de una presencia efectiva, cuando exploradores ingleses en 1867 vislumbran a pescadores chinos faenando en las cercanías de Itu Alba, la isla principal de las Spratly.

Más adelante, se produjo la Guerra franco-china (1884-1885), por el dominio de las rutas marítimas esenciales para el comercio de la región. En 1897, ambos países concluirían que las islas Spratly serían de dominio chino, aunque dicho acuerdo nunca quedó de manifiesto explícitamente. Así que en 1933 Francia declaró su soberanía sobre nueve islas de las Spratly (de Laurentis, 2002:5). Antes, en 1927 y 1930, París realizó dos expediciones: la primera con el barco de la marina francesa *De Lanessan*; y una segunda expedición con el navío *La Malicieuse,* que izó la bandera francesa en una de las islas del archipiélago, curiosamente cuando al mismo tiempo estaba ocupada por población china. Igualmente, como decíamos, en 1933 tres navíos de la armada francesa declaran la soberanía del Imperio colonial francés sobre el archipiélago, administrando Francia el territorio desde la antigua región de Cochinchina, actual Vietnam. China protestó tal acción desde el primer momento, argumentando que las islas le pertenecían. Ciertamente población china se encontraba allí en el mismo momento que Francia declaró su soberanía (Bouchat, 2013:36-37). Sin embargo, poco podía hacer la China nacionalista al respecto, pues en ese momento se encontraba muy debilitada como consecuencia del voraz imperialismo que estaba sufriendo por las grandes potencias de la época y, en especial, por el Imperio japonés.

Posteriormente, en 1939, Tokio comunica a París que las islas pertenecen a su jurisdicción alegando que fue el primer país que las descubrió, pero Francia conjuntamente con el Reino Unido protestan y reafirman la soberanía francesa sobre las Spratly. De este modo, al entrar Japón en el teatro global de la Segunda Guerra Mundial, que la enfrentaba a Francia y a los Aliados en su conjunto, en

1941 el Imperio del Sol Naciente ocupó las islas renombrándolas como «Nuevas islas del Sur» (Shinnan Guntou / しんなんぐんとう). Además, los nipones las pusieron bajo la administración del gobernador general de Taiwán, en ese momento colonia japonesa, destinando la isla principal Itu Alba como base de submarinos durante la conflagración mundial (de Laurentis, 2002:5-6).

Al finalizar la Segunda Guerra Mundial, con las declaraciones de Potsdam y El Cairo y los posteriores tratados de paz, Japón renunció a todas las posesiones japonesas conquistadas desde finales del s. XIX. Concretamente, con el Tratado de Paz de San Francisco de 1951, Japón devolvió Formosa e islas Pescadores a China (Bouchat, 2013:35). El derecho sobre las Spratly y Paracelso fue llevado a cabo por Francia como metrópoli de Indochina, reclamándolas para sí misma con el beneplácito de los presentes, pero no se llegó a una resolución de soberanía. Además de que tanto China como Vietnam deslegitimaron esa pretensión dado que se consideraban legitimas propietarias de las islas, como el hecho de que no intervinieran o participaran en la confección de dicho tratado. De este modo, cabe decir que tanto la República Popular China como la República de China ni asistieron ni rubricaron tal tratado, por lo que lo más destacable sobre esta disputa es el Tratado de Paz de Japón con la República de China (Taiwán) de 1952. En él, Japón renuncia explícitamente a Formosa, islas Pescadores, Paracelso y Spratly, así como a los territorios anteriormente chinos. Era similar al anterior con la diferencia de que dejaba claro que las islas Spratly iban a parar a manos chinas, si bien específicamente a las del régimen de la República de China. En este sentido, la República Popular China, como «único» Estado chino reconocido internacionalmente, asume ese apartado del tratado de Japón con Taiwán, considerándose legalmente reconocida como soberana de esas islas conforme al derecho internacional (más allá del argumento histórico que siempre han reivindicado).

Cabe añadir que ya en 1947 el ejército del Kuomintang, aún gobernando la China continental, ocupó la isla de Itu Alba, retirándose en 1950 tras la derrota sufrida en la Guerra civil china frente a los comunistas, con la consiguiente instauración del régimen marxista en la China continental. Los nacionalistas del KMT, una vez afincados en la isla de Formosa y de acuerdo al citado tratado con Japón, vuelven en 1956, y esta vez definitivamente, a las islas (de Laurentis, 2002:6).

Por otra parte, al ya contencioso entre «las dos Chinas» y Vietnam, se sumará en 1956 Filipinas de la mano de Thomas Cloma, un hombre de negocios filipino y director del Instituto Marítimo de Filipinas, que reclamó dos terceras partes de las Spratly, denominándolas como Kalayaan («Libertad» en tagalo) o Freedomland, y haciéndose con el control de una isla. Más tarde, en 1968 Filipinas envío fuerzas militares con la justificación de defender a sus ciudadanos, ocupando tres islas y anexionándolas a su territorio. Esta anexión quedó patente en 1972, cuando Manila incorpora las islas Kalayaan a la provincia de Palawan, aunque de facto sólo controle unas pocas de las mismas.

En esta línea, se incorporarían dos países más al conflicto: Malasia y Brunéi. Respecto a la primera, en 1979 publica un mapa donde reclama su plataforma continental y, por ende, la soberanía de doce islas de las Spratly, para poco después, en 1983, ocupar la isla Swalow Reef a la que dotaría de una base militar para afianzar tal ocupación. Por otro lado, Brunéi en 1984 se incorpora al conflicto tras establecer una zona de pesca exclusiva que incluye la isla Louisa Reef y las áreas aledañas del sureste de las Spratly. No obstante, a pesar de estas reclamaciones, ambos países no han protagonizado ningún enfrentamiento armado ni han realizado otro acto unilateral que pudiese poner en peligro la paz en la región (Bouchat, 2013).

Y es que los países que están tensando las cuerdas en dicho conflicto son Vietnam, Filipinas y la República Popular de China que se incorporará al mismo en 1986 con el envío de navíos de guerra y un barco de exploración hidrográfica. Hasta ahora, quien había llevado la voz cantante en las pretensiones chinas sobre las Spratly habían sido los nacionalistas de la República de China (Taiwán). Sin embargo, eso cambió drásticamente en 1987 cuando la RPC envía tropas a las Spratly que desembarcan en los arrecifes Firey, Cross y Cuarteon, estableciendo una base permanente y entrando directamente en disputa con Vietnam. Este hecho se vio fuertemente agudizado con el enfrentamiento armado entre las armadas china y vietnamita en Johnson Reef, que provocó el hundimiento de varios navíos vietnamitas con la muerte de setenta marineros (Sajima, 2010:43).

Estas acciones militares se dieron en un momento en el que la relación de Vietnam con la Unión Soviética, tradicional aliado de Hanói, se estaba erosionando por la política de Gorbachov de reorientar sus relaciones con los países asiáticos. Al mismo tiempo que China gozaba de una mejor imagen en el mundo occidental debido al acercamiento con EE.UU. a lo largo de los años setenta y ochenta. Además, la posición de Vietnam en la escena internacional y concretamente frente a China, se vio debilitada en 1991 con la desmembración y desaparición de la URSS (Ríos, 2013b:7), que ya languidecía desde 1989 por los efectos de la nueva política de Gorbachov, la llamada *Perestroika*[65] (Mammarella, 1996:402-403).

---

[65] Política iniciada en 1985 por Mijaíl Gorbachov (1931-2022) y que se traduce como «reestructuración», dado que tenía como fin reorganizar el sistema socialista e introducir un nuevo sistema económico dentro del mismo. Sin embargo, tal proceso daba cabida a

Ante esta creciente y alarmante situación, donde el enfrentamiento armado era una realidad, Indonesia intentó intermediar en 1991 en el conflicto a partir de la organización de un primer encuentro para que las partes limaran asperezas en aras de encontrar una solución dialogada. Esto incluso a pesar de que, en febrero de 1992, China promulgara la «Ley sobre el Mar territorial y la Zona contigua» que establecía su soberanía marítima sobre las aguas e islas en disputa, así como el derecho a defenderlas ante cualquier amenaza externa. Como resultado de los esfuerzos citados se llegó el 22 de julio de 1992, por iniciativa de la ASEAN, a la Declaración sobre el Mar de China Meridional realizada en Manila, por lo que también se la denomina Declaración de Manila (de Laurentis, 2002:7).

No hay que confundirla con la Declaración de Manila sobre el arreglo pacífico de controversias internacionales[66] de 1982 (Resolución de Naciones Unidas[67]). Aunque el error es comprensible, pues posiblemente el lugar no sea una casualidad y beba mucho de ella, como por ejemplo que los Estados inmiscuidos en la disputa, acordaban solventar el litigio por medio del diálogo, como expone su artículo 2 de la disposición I:

> Todos los Estados arreglarán sus controversias internacionales exclusivamente por medios pacíficos de tal manera que no se pongan en peligro ni la paz y la seguridad internacionales ni la justicia (Disposición I, artículo 2).

Al mismo tiempo los Estados se comprometían a solucionar las disputas de acuerdo con el Derecho Internacional (Disposición I, artículo 4), e, incluso establecía los medios para poder llegar a un arreglo satisfactorio para las partes:

> Los Estados procurarán, de buena fe y con un espíritu de cooperación, el arreglo pronto y equitativo de sus controversias internacionales por cualquiera de los medios siguientes: la negociación, la investigación, la mediación, la conciliación, el arbitraje, el arreglo judicial, el recurso de acuerdos u organismos regionales u otros medios pacíficos que ellos mismos elijan, incluidos los buenos oficios. Al procurar llegar a ese arreglo, las partes convendrán en valerse de los

---

movimientos en pro de la democracia y que, a la postre, significaron la desintegración de la URSS como consecuencia de las independencias de varias repúblicas soviéticas, como la rusa (Mammarella, 1996:402-403).

[66] *Declaración de Manila sobre el arreglo pacífico de controversias internacionales.* [en línea]. En dipublico.org Derecho Internacional, 1982. URL:<http://www.dipublico. org/4042/resolucion-3710-de-la-asamblea-general-de-las-naciones-unidas-declaracion-de-manila-sobre-el-arreglo-paci%C2%ADfico-de-controversias-internacionales/ > [Consulta: 1 de mayo de 2023]

[67] Resolución 37/10 de la Asamblea General de las Naciones Unidas.

medios pacíficos que resulten adecuados a las circunstancias y a la naturaleza de la controversia (Disposición I, artículo 5).

Pero, volviendo a la Declaración sobre el Mar de China Meridional, aparte de renunciar a la fuerza para solventar los problemas de soberanía, también se acordó profundizar en la cooperación regional sobre distintos ámbitos como la navegación, el problema de la piratería, la protección del medio ambiente, entre otras cosas de gobernanza y seguridad internacional (Rubiolo, 2010:37).

No obstante, poco tardarían sus firmantes en incumplirla, puesto que en ese mismo mes que se firmaba la Declaración sobre el Mar de China Meridional, China ocupaba el arrecife Da Luc, siendo su primera intervención militar en las islas tras lo acontecido en 1988. Algo que preocupó e inquietó sobremanera a los países de la ASEAN. La alarma se vio incrementada cuando en 1995 China ocupa y edifica estructuras portuarias en el arrecife de Mischief, ubicado dentro de la ZEE de Filipinas. Más allá de la propia acción, el alarmismo se sustentaba en que era la primera vez que China atacaba a una nación miembro de la ASEAN (García Segura; Ibáñez; Pareja, 2009:80). Vietnam no entraría hasta 1995[68], por lo que algunos piensan que se debía a que Filipinas ya no contaba con el apoyo del ejército estadounidense (por aquel entonces EE.UU. había cerrado sus bases en Filipinas tras las numerosas protestas populares y la explosión del Pinatubo). Manila, ante tal provocación, respondió con la destrucción de las instalaciones y marcas de delimitación chinas establecidas en cinco islas del archipiélago. Además, detuvo a 72 marineros chinos que faenaban en las islas (Carrasco, 2007:21). Finalmente, para rebajar la tensión, de manera bilateral, ambos países firmaron un código de conducta el 10 de agosto de ese mismo año, con el propósito de evitar situaciones similares con la idea de solventar su disputa a través del diálogo, añadiendo que China se comprometía a aceptar el derecho marítimo[69] de 1982 (de Laurentis, 2002:9). Sin embargo, en lo que atañe al diálogo, no tendrá mucho éxito, ya que en los próximos años habrá pequeños incidentes entre China y Filipinas y, en menor medida, entre ésta última y Vietnam (ver tabla 4).

En esta situación tan convulsa, nociva para la estabilidad y el comercio regional, en 2002, gracias a los esfuerzos diplomáticos acumulados por el calamitoso bagaje de desencuentros (especialmente durante la Cumbre del Este Asiático en

---

[68] Hanói no poseía el paraguas de la ASEAN cuando en los años ochenta Pekín se hizo con las Paracelso por medio de la fuerza.

[69] En 1996 China ratificó el UNCLOS como signo de buena de voluntad y de apoyo al camino de la cooperación y colaboración (García Segura; Ibáñez; Pareja, 2009:82).

Manila de 1999, donde se efectuó un borrador rechazado por China), se llegó a la Declaración sobre la Conducta de las Partes en el mar de la China Meridional en Camboya. En ella, los países en litigio en el mar de China Meridional, acuerdan solventar la disputa por medio de la diplomacia. Desde entonces, la tensión se redujo a lo largo de la primera década de la presente centuria, habiendo una serie de acuerdos como el que mantienen China, Vietnam y Filipinas, donde se comprometían a realizar estudios conjuntos de prospección en el mar de China Meridional, complementado con un nuevo código de buena conducta entre las partes (García Segura; Ibáñez; Pareja, 2009:83).

No obstante, en los últimos años se han producido unos cuantos incidentes, que si bien no han llegado al estado de alarma a los protagonizados anteriormente a 2002, comienzan a preocupar en la región.

6.2.2. Aspecto geopolítico de las Spratly

Tras todos estos enfrentamientos y posicionamientos, las islas Spratly están fuertemente militarizadas y, con la construcción de infraestructuras militares por unos y otros, los litigantes continúan en este fortalecimiento de carácter geopolítico y, más concretamente, geoestratégico. De este modo, *«Vietnam tiene ocupados militarmente veinticinco arrecifes e islas, China y Filipinas, ocho cada una, Malasia está presente en tres islas, y Taiwán en una»* (de Laurentis, 2002:5).

El hecho de que las islas sean reclamadas por seis países del mar de China Meridional (China, Taiwán, Vietnam, Filipinas, Malasia y Brunéi), hace del conflicto uno de lo más complejos del orbe. Tanto es así, que los más parecidos son los referentes al dominio de la Antártida y el Ártico, quizás, inspirados y estimulados en la buena voluntad del primer caso (Tratado Antártico[70]), sería pertinente realizar una mesa redonda para administrar dichos territorios de manera conjunta, suavizando el tema de la soberanía.

No en vano, al igual que en el creciente problemático caso ártico, en lo que realmente están interesados los países es en el control de los intereses económicos

---

[70] Firmado en 1959 y en vigor desde 1961, es un tratado que asegura el uso pacífico y científico de la Antártida por parte de la comunidad internacional, en sintonía con la Carta de Naciones Unidas, sin menoscabar los derechos territoriales que reivindican los países litigantes: Chile, Argentina, Gran Bretaña, Australia, Francia, Nueva Zelanda y Noruega. Existen fuertes fricciones entre Chile, Argentina y Reino Unido por el reclamo de un vasto territorio que separa la Antártida y Sudamérica y, por tanto, de gran relevancia geopolítica y que tiene visos de ir a más (Baños, 2019:176).

y geoestratégicos que ofrecen (Baños, 2019:171-172). Y en el caso de las Spratly, todavía no se ha cuantificado el petróleo y el gas que contienen sus yacimientos (Carrasco, 2007:20), pero no debe ser poco teniendo en cuenta los yacimientos aledaños ya explotados (caso de las islas Natuna). Ya en el plano geoestratégico, como casi todas las islas que están situadas en el mar de China, las Spratly poseen una importancia capital debido a que se encuentran en medio de la ruta comercial que pasa por el estrecho de Malaca, donde transita más del 20% del petróleo mundial.

Además, al erigirse en el centro-sur del mar de China Meridional, si China o cualquier estado se hace con ellas controlará dicho espacio (Hayton, 2015), así como acabará con la proyección de sus vecinos en la zona y, por añadidura, limitará la posición de EE.UU. en la región. De este modo, rompería con el equilibrio u orden regional establecido tras la Segunda Guerra Mundial.

En esta línea, China está forzando dicha situación, ya que ha iniciado una serie de construcciones en las islas, especialmente de carácter logístico, como pistas de aterrizaje y puertos (Hayton, 2015). No obstante, lo más preocupante, es que para tal fin está uniendo atolones y arrecifes con la idea de construir islas artificiales. No en vano, China carece de una isla propiamente dicha en las Spratly, a diferencia de Vietnam, Taiwán y Filipinas.

Ante estas construcciones, la ASEAN en su conjunto emitió en 2015 un comunicado señalando que están *seriamente preocupados* por la creación de islas artificiales por parte del gigante asiático en el mar de China Meridional[71]. La respuesta de China no se hizo esperar, siendo la de manifestar asombro, indicando que no entendía las críticas al asumir que estaba operando en territorio chino. No en vano, en 2014, Hua Chungying, portavoz del Ministerio de Relaciones Exteriores de China, afirmó que los trabajos efectuados sobre las Spratly estaban: *«completamente dentro de la soberanía de China y eran completamente justificables»*.

Ante esta actitud de Pekín, afirmando internacionalmente el convencimiento de que China es la propietaria legal de todo el mar de China Meridional, el resto de los países litigantes están intentando fortalecer su posición, uniendo esfuerzos, como también involucrando a otras potencias como Estados Unidos y, en menor medida, a Japón e India. Es más, Filipinas incluso acudió a la Corte Permanente

---

[71]   Hayton, Bill (2015). «¿Por qué preocupan tanto las islas que China está construyendo?» [en línea]. En *BBC Mundo*, 5 de mayo de 2015. URL:<http://www.bbc.co.uk/mundo/noticias/2015/05/150503_islas_mar_china_meridional_disputa_men > [Consulta: 10 de mayo de 2023].

de Arbitraje (CPA), para disgusto de Pekín, con el fin de que arbitrara en el conflicto debido a la constante proliferación de islas artificiales chinas. El tribunal dictaminó, por unanimidad de sus cinco miembros[72], que China ha infligido el derecho marítimo, con el levantamiento de islas artificiales, al destruir *«pruebas de la condición natural y de las características del mar de China Meridional que forman parte del litigio entre las partes»*. Sin embargo, aunque China está sujeta a la mencionada corte al adherirse al UNCLOS en 1996, si no hay presión internacional su veredicto queda en papel mojado (Corral, 2016). Máxime cuando la propia denunciante, Filipinas, no puede poner en ejecución dicha sentencia[73], hasta el punto de desligarse en estos momentos de dicho fallo, y trata de buscar una solución de forma bilateral con China, para evitar un conflicto que ya solo podría ser armado.

Lo cierto es que, todos los litigantes del conflicto territorial de las Spratly son conscientes de que este contencioso lastra las relaciones regionales, en especial con China, al mismo tiempo que son sabedores de que existe una creciente y beneficiosa interdependencia económica vital para el desarrollo de sus respectivas economías. En esta línea, todos los países, también por exigencias de Pekín, pretenden zanjar o, cuando menos, encauzar este litigio por vías bilaterales y de forma pacífica. Ello queda refrendado, una vez más, cuando en 2014 el presidente chino Xi Jinping se comprometió a solucionar pacíficamente los conflictos territoriales al sostener que *«China permanece comprometido en la búsqueda de la solución pacífica de controversias con otros países a la soberanía territorial y los derechos e intereses marítimos»*[74]. No obstante, estas declaraciones quedan sumamente en entredicho al continuar China con su proyecto de creación de islas artificiales que implementan la presencia militar china en las aguas del mar de China Meridional.

---

[72]   El ghanés Thomas A. Mensah (presidente del tribunal), el francés Jean Pierre Cot, el holandés Alfred H. Soons, el alemán Rüdiger Wolfrum y el polaco Stanislaw Pawlak (Corral, 2016).

[73]   No se trata de un laudo, ya que no ha habido consenso entre China y Filipinas para acudir al arbitraje y someterse al eventual fallo. Esto debido a que China no tiene ningún interés en someterse a un tercer actor, aunque este sea un tribunal, para solventar dicha disputa. No en vano, Pekín sabe que tiene mucho más que perder que ganar, si acude a dichas instancias judiciales.

[74]   Ruwitch, John (2016). «China's Xi issues veiled warning to Asia overmilitary alliances». [en línea]. Reuters, 21 de mayo de 2016. URL:< http://www.reuters.com/article/us-china-xi-idUS-BREA4K02V20140521> [Consulta: 31 de mayo de 2023].

Sea como fuere, estas construcciones más allá de fortalecer la posición militar de Pekín en la zona, también van encaminadas a reforzar su reclamo territorial, de ahí los temores de sus vecinos (y la denuncia filipina), pues como hemos señalado anteriormente, China carece de una isla propiamente dicha en las Spratly. Y es que hasta ahora tan sólo disfruta de arrecifes y atolones que, conforme al derecho marítimo, no poseen ZEE. Es por esta razón que ha emprendido su «transformación» en islas para poder gozar de esas suculentas prebendas que, en teoría para los chinos (a pesar de que las islas artificiales no poseen ZEE), otorga el derecho marítimo internacional.

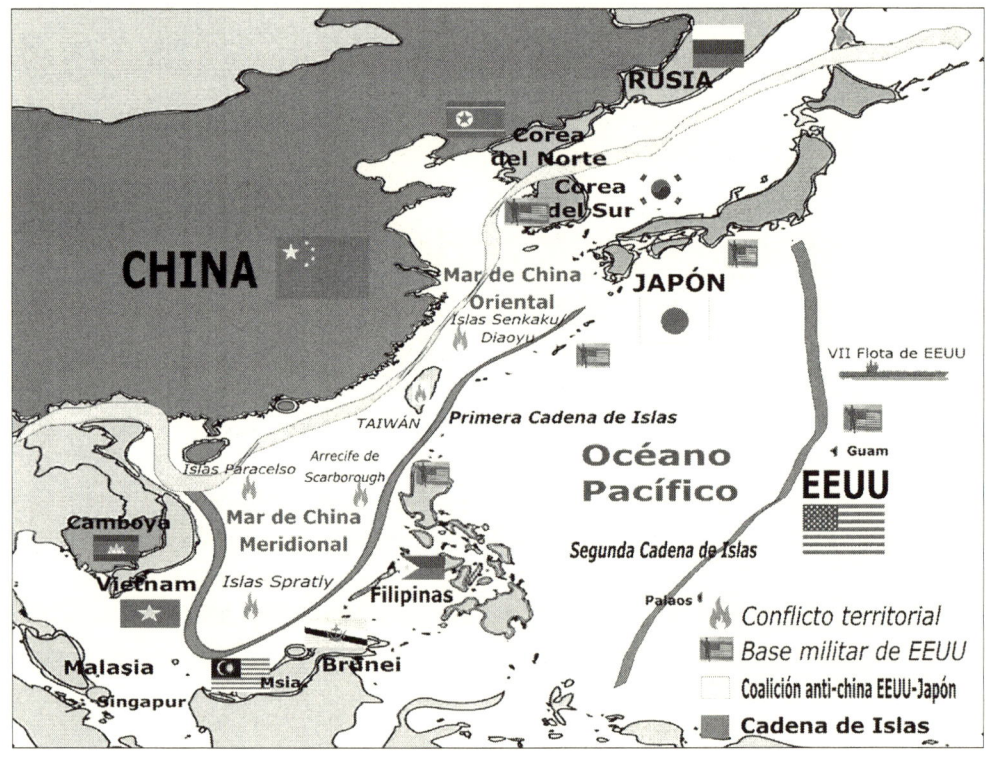

Fig. 11. Mapa de los conflictos marítimos en el mar de China
y las Cadenas de islas ideadas por China.
Fuente: Elaboración propia en base a Brzezinski (1998).

Además, una de las utilidades que tendrán estas islas artificiales será su carácter defensivo al dotarlas de construcciones logísticas para una mayor presencia de la armada china en las mismas y, por ende, en el mar de China Meridional con el fin de establecer la conocida Primera Cadena de Islas. Y es que el control de las Spratly (junto a islas Paracelso y Natuna), podrían certificar el dominio chino del mar de China Meridional, cambiando por tanto el orden regional por medio de los privilegios o beneficios que ofrecen sus respectivas ZEE. Y, al mismo tiempo, supondría la proyección del poder marítimo chino al océano Índico, paso indispensable hacia sus principales fuentes de recursos energéticos, a través del estrecho de Malaca.

De este modo, la adquisición de todas estas islas podría en gran medida romper esa Primera Cadena de Islas que constriñen a la armada china dentro del mar de China (Gómez de Ágreda, 2011). Y, por ende, limitar su vulnerabilidad ante un hipotético bloqueo comercial que conllevaría terribles consecuencias para la viabilidad de su régimen. Sus temores a un posible bloqueo comercial no son infundados, ya que se está erigiendo una coalición anti-china liderada por EE.UU. y Japón y que, precisamente, trabajan por mantener dicha posibilidad de bloqueo. Este plan se denomina «Gran Muralla a la inversa» entre los expertos de seguridad militar.

En este sentido, en abril de 2015, el Gobierno de EE.UU., en boca del portavoz del Departamento de Estado Jeff Rathke, señaló que le preocupa que China pueda militarizar el contencioso territorial, animando a una solución pacífica y dialogada del mismo. Al mismo tiempo que el entonces comandante de la flota del Pacífico y recientemente exembajador en Corea del Sur de EE.UU., Harry Harris, cuestionaba las actividades de China sobre las construcciones realizadas en las Spratly: *China ha creado un gran muro de arena con dragas y tractores*[75].

Por esta razón, a finales de mayo de 2015, el entonces secretario de Defensa Ashton Carter, durante el *Diálogo Shangri-La*[76], instó y demandó a China a que pusiera un fin «inmediato y duradero» a la construcción de estas islas artificiales[77]. Sin embargo, dichas palabras han tenido poco éxito, pues las autoridades chinas continúan con tales obras en aras de afianzar su posición y, por añadidura, su defensa con el establecimiento de la citada Primera Cadena de Islas. Y es que, como se puede apreciar, si bien China promueve la paz, eso no quiere decir que no se esté preparando para la guerra. Y alejar de sus costas a EE.UU. y sus aliados es la primera piedra de ello.

---

[75]   BBC Mundo (2015). «Cómo se ven desde el espacio las islas artificiales que China construye en un territorio en disputa». [en línea]. En *BBC Mundo*, 9 de abril de 2015. URL:<http://www.bbc.co.uk/mundo/noticias/2015/04/150409_china_contruccion_islas_mar_meriodional_ng > [Consulta: 10 de mayo de 2023].

[76]   Se trata del mayor foro de seguridad de Asia.

[77]   Vidal, Macarena (2015e). «EEUU exige a China el 'fin inmediato' de la construcción de islas artificiales». [en línea]. *El País digital*, 30 de mayo de 2015. URL:<http://internacional.elpais.com/internacional/2015/05/30/actualidad/1432967003_319721.html > [Consulta: 31 de mayo de 2023].

6.2.3. **Conclusiones de las Spratly**

Ciertamente, China intenta socavar los posibles derechos soberanos que puedan tener sus contendientes sobre las islas. De esta manera, al igual que con las Senkaku/Diaoyu, hace todo lo posible para afianzar su posición sobre las mismas. Con la diferencia de que las Senkaku/Diaoyu comprenden un territorio extremadamente pequeño en relación a las Spratly, en islas y aguas. Y, sobre todo, porque las Senkaku/Diaoyu están bajo la tutela de una gran potencia que cuenta con el respaldo explícito e indiscutible de Estados Unidos.

En esta línea, Pekín hace todo lo posible para afianzar su posición sobre las Spratly a través del establecimiento de islas artificiales, con su consiguiente entramado militar, con el objetivo de alcanzar una posición de fuerza, para cuando tenga que sentarse a negociar el fin del conflicto, frente al resto de litigantes. De este modo, dispondrá de argumentos de peso para inclinar la balanza a sus intereses. Es decir, está buscando una posición de fuerza como la que tiene, por ahora, Tokio en las Senkaku/Diaoyu. Y para cuando llegue a esas hipotéticas alturas, presumiblemente, con sólo «ceder» la explotación conjunta de los yacimientos, conseguir satisfacer o soliviantar las reclamaciones de los otros contendientes. No en vano, a medida que pasa el tiempo, resulta evidente que China no va a renunciar a la soberanía de las Spratly, ni parcial ni totalmente (o al menos cada vez será más complicado). Algo que observamos en las Paracelso, pues ya posee esa posición de fuerza, donde ya no cede un ápice y poco o nada puede hacer Vietnam al respecto.

Por esta razón, los países litigantes de la ASEAN deberían llegar a un acuerdo de explotación de las aguas con China (al igual que Japón con las islas Senkaku/Diaoyu), en la que esta última renuncie explícitamente a la totalidad de la soberanía de las Spratly en aras del acuerdo o, cuando menos, se adhiera a una cosoberanía del territorio en disputa (ya sea total o parcialmente). Aun así, sería complicado lograr tal renuncia, pero al menos se desactivaría el riesgo de conflicto armado, puesto que lo que realmente interesa a China, al igual que a los otros litigantes, son los recursos, especialmente energéticos, que ofrecen las islas por medio de sus ZEE.

En definitiva, se hace acuciante que los países demandantes se sienten a negociar lo antes posible antes de llegar a un punto de no retorno en donde la negociación sea inviable dada la disparidad de posturas y, sobre todo, al preponderante poder chino que lleve a una política realista de fatales consecuencias para la estabilidad regional. En este sentido, los países en conflicto deberían de llegar, cuando menos, a acuerdos similares a los acaecidos en el caso del Ártico con el fin de evitar males mayores que erosionen o mermen esa paulatina interdependencia y posibles intereses compartidos.

La cuestión es si China está realmente por la labor o piensa que el tiempo corre a su favor. Ante esa pregunta Pekín debe acentuar sus esfuerzos en pro de que los otros no vean intereses ocultos en sus acciones de extender su poder marítimo, más allá de cuestiones defensivas u económicas[78] (que no territoriales); y, por otro lado, el resto de países, con EE.UU. a la cabeza, no deben ver en toda acción china un agravio o un gesto que confirme sus peores temores de una extensión de las fronteras chinas más allá de las actuales. Y todo ello se consigue con mecanismos o espacios de diálogo destinados exclusivamente para tal fin, ya sea por medio de un hipotético «Cuarto comunicado conjunto» que actualice las nuevas relaciones de EE.UU. y China tras la Guerra Fría o una organización de seguridad regional. No en balde, ante unas aguas cada vez más militarizadas, aumenta el riesgo de un choque armado entre sus distintos contendientes. Y, sin espacio para la palabra, resulta inevitable el conflicto.

Tabla 4. Cuadro cronológico de las islas Spratly.

Antecedentes históricos de las islas Spratly		
Fecha	Acontecimientos	Actores implicados
1927	**El barco de la marina francesa *De Lanessan* realizó una expedición científica a las Spratly**	Francia
1930	**Francia envió una segunda expedición** El navío La Malicieuse izó la bandera francesa en una de las islas del archipiélago. Isla que al mismo tiempo estaba ocupada por población china.	Francia
1933	**Tres navíos de la armada francesa declaran la soberanía del Imperio colonial francés sobre el archipiélago** Francia administró el territorio desde la antigua región de Conchinchina, actual Vietnam.	Francia
1939	**El Imperio japonés comunica a Francia que las islas pertenecen a su jurisdicción** Francia y Reino Unido protestan y reafirman la soberanía francesa sobre las islas.	Japón, Francia y Reino Unido
1941	**El Imperio japonés invade y ocupa la islas dentro de la Segunda Guerra Mundial** Las islas son administradas desde Taiwán, entonces colonia nipona.	Japón y Francia
1943	**Declaración de El Cairo** Japón deberá devover todos los territorios adquiridos a partir de 1914 y todos aquellos conquistados a China.	EE.UU., URSS, Reino Unido
1945	**Declaración de Potsdam** En ella se establecen los términos de la posible rendición japonesa. Estipulando que Japón tan sólo mantendrá las cuatro grandes islas del archipiélago nipón y las pequeñas islas que ellos determinen.	EE.UU., URSS, Reino Unido
1947	**Las fuerzas del Kuomintang ocupan Itu Alba**	China nacionalista

---

[78] Como por ejemplo la «Nueva Ruta de la Seda».

Antecedentes históricos de las islas Spratly		
Fecha	Acontecimientos	Actores implicados
1950	**Los nacionalistas chinos abandonan Itu Alba**	China nacionalista
1951	**Tratado de San Francisco** Tratado de paz entre Japón y las potencias aliadas tras la Segunda Guerra Mundial. En él se establecía la renuncia de todas las posesiones japonesas conquistadas desde finales del s. XIX. Regresando Formosa e islas Pescadores a China. El derecho sobre las Spratly y Paracel fue llevado a cabo por Francia como metrópoli de Indochina, reclamándolas para sí misma con el beneplácito de los presentes. No obstante, tanto la República Popular de China como la República de China no asistieron a tal tratado, como tampoco lo rubricaron.	Japón (fue rubricado por 49 países, entre los cuales no se encontraba ni la República de China ni la República Popular de China)
1952	**Tratado de Paz de Japón con la República de China (Taiwán)** En él, Japón renuncia explícitamente a Formosa, islas Pescadores, Paracel y Spratly, así como a los territorios anteriormente chinos (en sintonía con el Tratado de San Francisco).	Japón y Taiwán
1956	**Francia se retira de las demandas de las islas a favor de Vietnam del Sur** Tras el fin del colonialismo francés en Indochina, Vietnam del Sur asume los derechos de soberanía sobre las islas, ocupando la isla Spratly que da nombre al archipiélago en su conjunto.	Francia y Vietnam del Sur
1956	**El Kuomintang, recluido en Formosa, vuelve a Itu Alba definitivamente**	Taiwán
1956	**Filipinas se introduce en el conflicto** Thomas Cloma, un hombre de negocios filipino y director del Instituto Marítimo de Filipinas, reclamó dos terceras partes de las Spratly, denominándolo como «Kalaya'an» o «Freedomland». De este modo, se adueñan de una isla del archipiélago.	Filipinas
1958	**RPC establece el límite de sus aguas aglutinando las Spratly**	China
1961	**Vietnam del Sur establece marcadores de soberanía sobre varías islas del archipiélago**	Vietnam del Sur
1968	**Filipinas envío fuerzas militares con la justificación de defender a sus ciudadanos, ocupando 3 islas y anexionándolas a su territorio**	Filipinas
1971	**Malasia se suma al conflicto con una reclamación territorial sobre las Spratly**	Malasia
1972	**Manila incorpora las islas kalayaan a la provincia de Palawan**	Filipinas
1975	**Vietnam del Norte toma Vietnam del Sur** Una vez unificado Vietnam, continúan las reclamaciones territoriales y la defensa de las islas que hasta ahora llevaba a cabo en solitario Saigón.	Vietnam
1979	**Malasia publica un mapa donde reclama su plataforma continental y la soberanía de 12 islas de las Spratly**	Malasia
1982	**Hanoi ocupó varias islas construyendo instalaciones militares**	Vietnam
1983	**Malasia ocupa la isla «Swalow Reef», construyendo una base militar en ellas**	Malasia
1984	**Brunéi se incorpora al conflicto** Establece una zona de pesca exclusiva que incluye la isla «Louisa Reef» y las áreas aledañas del sureste de las Spratly.	Brunéi
1986	**China aparece en la escena del conflicto con el envío de navíos de guerra y un barco de exploración hidrográfica**	China

Antecedentes históricos de las islas Spratly		
Fecha	**Acontecimientos**	**Actores implicados**
1987	**RPC envía tropas a las Spratly que desembarcan en los arrecifes Firey, Cross y Cuarteon, estableciendo una base permanente y entrando directamente en disputa con Vietnam**	China
1988	**Enfrentamiento armado entre la armada china y vietnamita** Ambas armadas se enfrentaron en la isla «Johnson Reef», hundiéndose varios navíos vietnamitas que supusieron la muerte de más de 70 marineros.	China y Vietnam
1992	**Ley sobre el Mar territorial y la Zona contigua** En referencia a su soberanía marítima y de las islas Senkaku/Diaoyu; Spratly y Paracelso.	China
1995	**Enfrentamiento armado entre chinos y filipinos** China ocupó «Mischief Reef», reclamado por Filipinas, por lo que Manila envío a su ejército logrando desalojar a los ocupantes chinos.	China y Filipinas
1995	**La armada taiwanesa disparó a un barco vietnamita de suministros**	Taiwán y Vietnam
1995	**Código de Conducta**	China y Filipinas
1998	**El ejército vietnamita disparó a un pesquero filipino en los aledaños de «Tenent Reef»**	Vietnam y Filipinas
1999	**Barcos de guerra chinos fueron acusados de atacar a un navío de la armada filipina**	China y Filipinas
2000	**El ejército filipino disparó a pescadores chinos** Murió un pescador y otras siete personas fueron arrestadas.	China y Filipinas
2001	**La armada filipina aborda 14 pesqueros chinos** Confisca la captura de 14 pesqueros chinos durante los tres primeros meses del año, expulsando a sus ocupantes de las Spratly.	China y Filipinas
2002	**El ejército vietnamita efectuó disparos de advertencia contra aviones de reconocimiento filipinos**	Filipinas y Vietnam
2002	**Declaración sobre la Conducta de las Partes en el mar de la China Meridional** Los países en el litigio en el mar de China Meridional, acuerdan solventar la disputa por medio de la diplomacia.	ASEAN y China
2003	**China y Filipinas acuerdan hacer estudios conjuntos de prospección sobre las Spratly** Vietnam protestó enérgicamente tal acuerdo.	China y Filipinas
2005	**China, Vietnam y Filipinas acuerdan hacer estudios conjuntos de prospección en el mar de China Meridional, firmando un código de buena conducta**	China, Vietnam y Filipinas
2008	**El presidente de Taiwán, fue el primer jefe de Estado en visitar las Spratly, conllevando fuertes críticas de los otros litigantes**	Taiwán
2009	**Filipinas promulgó la Ley de Líneas de Base de Filipinas 2009** En ella indica que las Kalayaan son parte inherente del territorio filipino.	Filipinas
2012	**China toma por la fuerza el atolón Scarborough** Si bien este atolón no pertenece a las islas Spratly, resulta muy significativo dada su proximidad y a la similitud del conflicto al tener a dos países, China y Filipinas que lo ambicionan.	China y Filipinas
2013	**Filipinas acude a la Corte Permanente de La Haya conforme al UNCLOS** Manila inicia un litigio penal por la controversia de la jurisdicción marítima entre China y Filipinas en el oeste del mar de Filipinas.	Filipinas y China

Antecedentes históricos de las islas Spratly		
Fecha	Acontecimientos	Actores implicados
2016	**Dictamen de la Corte Permanente de Arbitraje de La Haya** El tribunal, por unanimidad, falla en contra de los derechos marítimos de China en el mar de China Meridional a instancias de Filipinas.	China y Filipinas

Fuente: Elaboración propia a partir de Carrasco (2007); Lohmeyer (2008); García Segura, Ibáñez y Pareja (2009); García Segura, Pareja Alcaraz (2010); Sajima (2010); Xulio Ríos (2013a); Corral (2016); y Wikipedia.

6.3. ISLAS NATUNA

El archipiélago de las Natuna (Kepulauan Natuna en indonesio), es un conjunto de islas situadas en el golfo de Tailandia inherente al mar de China Meridional, entre la isla de Borneo y la península malaya. Dentro de las islas Natuna se suelen incluir las islas Anambas, por lo que el enclave en disputa se sitúa enfrente del estrecho de Malaca que une el océano Índico con el mar de China Meridional y, por ende, con el Pacífico. Es ciertamente un territorio muy bien ubicado para controlar las rutas marítimas del comercio mundial en la región.

El archipiélago está compuesto por 272 islas de variado tamaño que, en su conjunto, ocupan una extensión terrestre de 3.420 km², donde viven aproximadamente unas cien mil personas. Las islas se encuentran totalmente bajo el dominio de Indonesia, pues no será hasta 1995 cuando la República Popular de China ponga en tela de juicio su soberanía. La disputa se inició fruto de la publicación de un mapa oficial chino, donde dicho archipiélago se situaba dentro del espacio marítimo que reclama Pekín (Sajima, 2010:44), juntamente con los citados conflictos de las islas Paracelso y Spratly.

De esta manera, en cierto sentido, Indonesia se ha visto envuelta indirectamente en esta disputa por las islas Paracelso y Spratly. Algo que le preocupa e inquieta debido a que en las Natuna poseen su principal yacimiento de gas (de Laurentis, 2002:3). De hecho, concretamente, se trata de uno de los yacimientos más importantes del mundo y que Yakarta explota en colaboración con la petrolera estadounidense Exxon (Ríos, 2013a:7). Cuenta, por lo tanto y en cierta medida, con la protección de Washington, con quien poco a poco ha ido estrechando lazos.

Por otra parte, tampoco tiene mucho que temer, puesto que su soberanía sobre las islas es inquebrantable gracias a los cien mil residentes que así lo garantizan, así como por la lejanía y tibia reclamación de China. Máxime, porque cuando en 1995 el ministro de Asuntos Exteriores de Indonesia, entonces Ali Alatas, interpeló a su homólogo chino Qian Qichen, sobre la inclusión de las islas Natuna en las demarcaciones del territorio chino, éste negó la reclamación china sobre las islas Natuna.

Aunque no especificó el porqué de la situación de las islas dentro de la línea divisoria que China había realizado en el mar de China Meridional (de Laurentis, 2002:31).

Más allá de esto, a diferencia de los anteriores conflictos, éste se caracteriza por su escaso respaldo histórico y baja intensidad[79] (Ríos, 2013a:6), por lo que es impensable que a corto y medio plazo suponga una problemática para la región. Y es que en las relaciones bilaterales entre China e Indonesia prima un clima de colaboración e interdependencia económica. No obstante, eso no exenta a Indonesia de temer al gigante asiático en sus reclamaciones territoriales en el mar de China Meridional a medida que pase el tiempo, por lo que Indonesia aboga por solucionar los contenciosos sobre las Spratly y Paracelso de forma pacífica, para no verse envuelta en un problema ulterior.

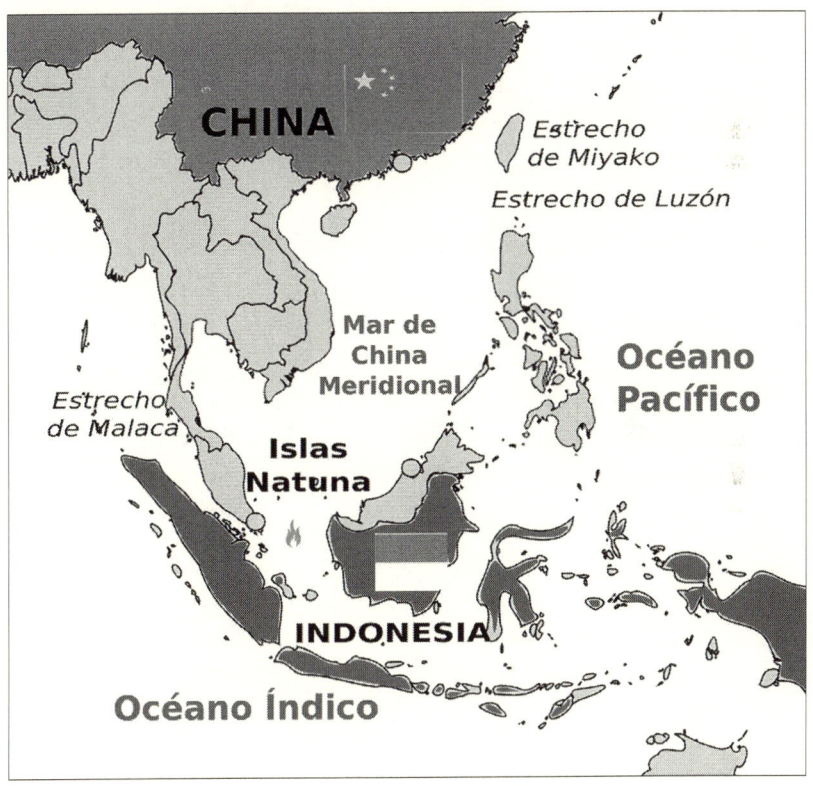

Fig. 12. Islas Natuna, próximas al estrecho de Malaca.
Fuente: Elaboración propia.

[79]   Este conflicto resulta de baja intensidad, ya que Pekín sólo ha hecho referencia como titular de dicho enclave en ese polémico mapa oficial (Ríos, 2013a).

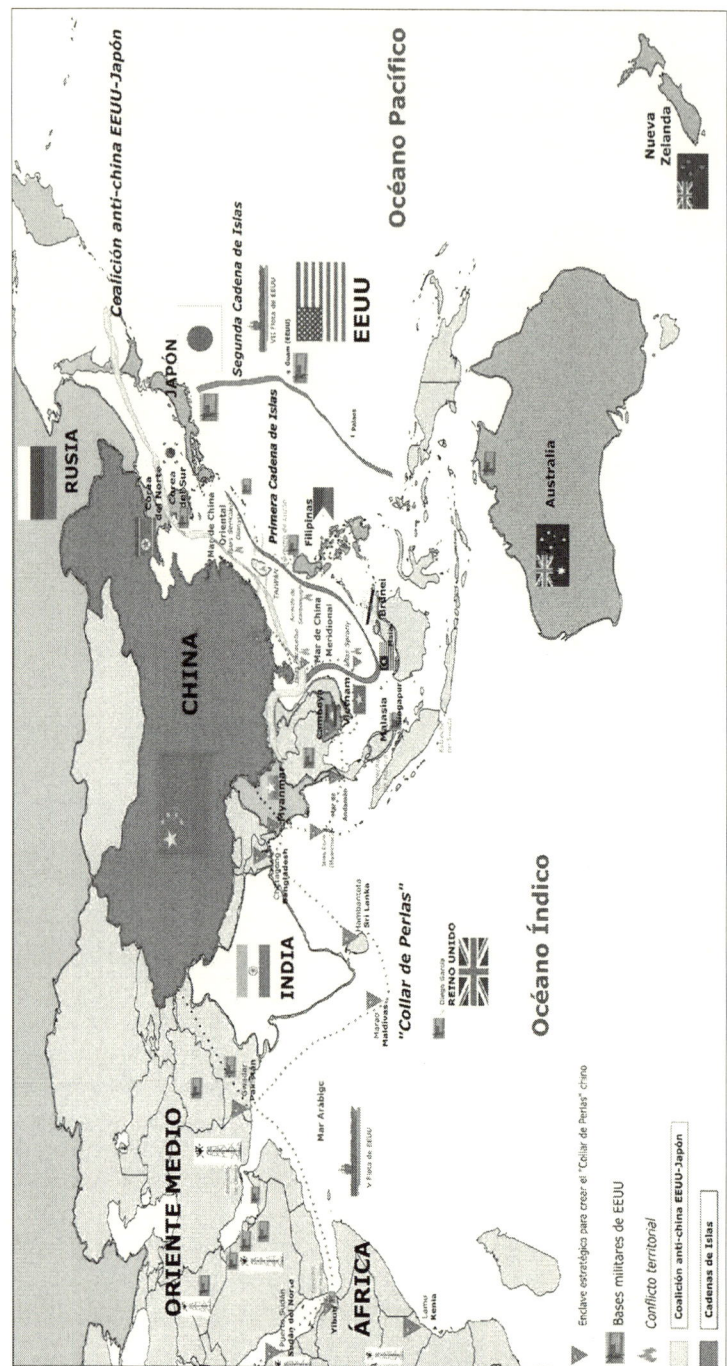

Fig. 13. Mapa de los conflictos marítimos en el mar de China y las Cadenas de islas ideadas por China, así como el Collar de Perlas con las rutas de suministro energético. Fuente: Elaboración propia.

6.4. CONCLUSIONES GENERALES DE LOS CONFLICTOS MARÍTIMOS EN EL MAR DE CHINA MERIDIONAL

En definitiva, en todos estos conflictos, el problema reside en la aplicación de las ZEE de acuerdo con el derecho marítimo, debido a las prebendas económicas y geoestratégicas que aportan las aguas jurisdiccionales de estos diminutos territorios a los países que gozan de ellos. En este aspecto, para llegar a un acuerdo con Pekín, será importante que los países «pequeños» negocien o implementen sus fuerzas a través del empleo como interlocutor de la ASEAN. Este hecho podría evitar un nuevo enfrentamiento armado entre las partes (Carrasco, 2007:23).

En esta línea, también será importante el papel que desempeñen otros actores regionales, como por ejemplo Japón y, especialmente, Estados Unidos. Esta última es la única potencia que verdaderamente tiene la facultad de intermediar, en tanto en cuanto puede limitar las pretensiones chinas, y se está canjeando el favor de los países en litigio frente a Pekín, en el conflicto.

Finalmente, asumimos que es de prever que los países de la ASEAN deberán renunciar a buena parte de sus reivindicaciones de soberanía, puesto que Pekín no está por la labor de hacer lo propio, debido a que cree que estos territorios históricamente tienen más vínculos con China que con las naciones del Sudeste Asiático.

7

COMPARATIVA SOBRE LAS DISTINTAS DIMENSIONES DEL IMPERIALISMO JAPONÉS Y LAS PRETENSIONES HEGEMÓNICAS CHINAS

A continuación, realizaremos una breve comparativa entre las distintas dimensiones que facilitaron el expansionismo japonés, junto al «previsible» chino de índole hegemónico. En efecto, si algo resulta evidente, es que el desarrollo económico o la creación de riqueza va íntimamente relacionada con el desarrollo militar (Kaplan, 2013:158). Es algo que ya se vio en el Imperio japonés tras la Restauración Meiji, con su lema un *«país rico, ejército poderoso»* (*Fukoku kyohei* 富国強兵), y que observamos en el reciente auge chino.

De este modo, veremos la proyección del «poder duro» y la estrategia a seguir ante sus eventuales rivales hegemónicos. Por otro lado, repararemos en la política de atraer a los países vecinos hacia sus intereses por medio del llamado «poder blando», que también posibilita y facilita su ascenso económico.

7.1. ESTRATEGIA GEOPOLÍTICA O GEOESTRATEGIA: COLISIÓN CON LA POTENCIA MARÍTIMA RIVAL PARA JAPÓN Y CHINA. LA IMPORTANCIA DE LA CONSTRUCCIÓN DE UNA GRAN ARMADA

Como hemos visto anteriormente, las estrategias «expansivas» de Japón y China se caracterizaron y se caracterizan por la prudencia, sabedoras de sus limitaciones y las potencialidades del *hegemon* de la región que, naturalmente, poseía el control del mar de China. En la época del Japón imperialista sería el Imperio británico; y en la de China, Estados Unidos. De esta manera, el primer paso para japoneses y chinos fue fortalecer su poder territorial para asentar su estabilidad política y desarrollo económico, para después «aliarse» con el respectivo líder regional: los japoneses con Gran Bretaña, aprovechando la rivalidad con la Rusia zarista; y los chinos, a partir de los años 70, con EE.UU. ante la también amenaza soviética o rusa.

La diferencia entre ambos países es que Japón, al ser una nación de carácter insular, no se contentó con ser la aliada de la gran potencia marítima, sino que trabajó arduamente para superarla como potencia naval. Mientras China continuó con su tradicional apuesta por la fuerza terrestre, minusvalorando el poder marítimo al supeditarse ante su eventual «semialiado» que lo disfrutaba sin paliativos. Es decir, Pekín perdió un tiempo valioso para desarrollar sus fuerzas marítimas durante su alianza con Estados Unidos, precisamente, al considerarlo innecesario por ser un socio clave de Washington.

Cabe decir que esta falta de interés en la inversión naval respondió a varios motivos, pues la Unión Soviética presionaba la frontera terrestre del norte, teniendo como episodio más notorio el envite del río Ussuri en 1969[80] (García Segura; Pareja Alcaraz, 2010:49-50). Además, y no menos importante, el fin de la Guerra Fría sobrevino a Pekín, pues nunca se pensó que las miradas de la Casa Blanca se pusieran tan rápidamente en alerta sobre China. Quizás, también, porque Pekín no fue capaz de presagiar el espectacular crecimiento de su economía y los recelos que ello podría acarrear.

En cambio, Japón al estar en un contexto multipolar, donde Gran Bretaña debía hacer frente a varias potencias como Alemania o la URSS, dispuso del tiempo suficiente para modernizarse, así como también la potestad de poner fin a la alianza con Londres cuando estimase oportuno, esto es, cuando disfrutara de una gran armada elaborada por sí misma.

Independientemente de ello, más pronto o más tarde, tanto japoneses como chinos han comprendido la necesidad de volcar sus fuerzas en el mar, para asegurar su seguridad con el uso del poder marítimo y, más concretamente, del poder naval.

En esta línea, Japón, durante el advenimiento del comodoro Perry, no disponía de flota moderna alguna. Es más, se puede decir que prácticamente desconocía los barcos de guerra euroamericanos del período industrial[81]. No en vano,

---

[80]   Se produjo un enfrentamiento armado entre la URSS y China por el establecimiento de sus fronteras en Manchuria y que ponía fin a sus relaciones. Dicho choque armado viene precedido de un distanciamiento entre ambos países como consecuencia de las diferencias ideológicas entre Khruschev y Mao, quedando patente por medio de tres episodios acaecidos entre 1959 y 1962: el bombardeo de las islas taiwanesas de Quemoy y Matsu por parte de China (1958); la visita de Khruschev a Pekín (1959), que pondría fin a la ayuda soviética a China; y la firma de un acuerdo entre Albania y China (1962), que ponía de manifiesto las rivalidades dentro del bloque comunista (García Segura; Pareja Alcaraz, 2010:49-50).

[81]   Los japoneses como consecuencia al desconocimiento de los barcos occidentales, los tildaron como «naves negras» o «barcos negros» (黒船 kurofone en japonés), siendo el ape-

el único contacto que tenía con navíos occidentales se sustentaba en el comercio con Holanda[82], a través de la isla de Dejima o *Deshima*[83] (Kimura, 2009), que desde 1799 tan sólo se limitaba a la entrada de dos barcos al año y, evidentemente, de carácter comercial.

Con todo, como hemos visto anteriormente, en pocas décadas se industrializó y modernizó el Imperio del Sol Naciente propiciando que, en 1894, en las postrimerías de su primer conflicto naval en el exterior, contase con una armada formada por 28 barcos modernos (capaces de trasladar hasta 57 mil toneladas), y 24 torpederos. Tales navíos, en su mayoría, serán producidos en Inglaterra. No en vano, se trataba del modelo a imitar (Schirokauer; Lurie; Gay, 2014:245), si bien en breve serán de fabricación propia.

Respecto a la China actual, obviamente no partía desde cero, aunque se encontraba muy atrasada tecnológica y numéricamente respecto a las coetáneas armadas de las grandes potencias, especialmente, como puntualizábamos, al ser una potencia tradicionalmente continental. De este modo, tras desmoronarse el enemigo soviético que amenazaba su norteña frontera terrestre (histórico peligro desde los hunos, pasando por los mongoles, hasta los manchúes), y el fin de la «semialianza» con EE.UU., Pekín decidió centrar sus esfuerzos en incrementar su poder naval para proyectarlo sobre el mar de China y, por ende, el Pacífico —sin descartar el mismo objetivo para el océano Índico (Kaplan, 2013:271)—.

---

lativo con el que denominaron a dichos navíos pertenecientes a la flotilla estadounidense del comodoro Perry que se adentró en la bahía de Tokio. Tenían ese nombre debido a que eran buques con un casco negro, y además en el caso estadounidense, porque sus velas también eran negras debido al carbón que empleaban para alimentar las calderas de sus navíos para su eventual desplazamiento.

[82] El Japón del período Edo o del Shogunato Tokugawa se había cerrado a las potencias occidentales para evitar la cristianización de su pueblo y que erosionaba la autoridad divina del Emperador y, por añadidura, el orden socio-político establecido. En este sentido, en el siglo XVII se expulsó a los misioneros y se prohibió el catolicismo en las islas con la ejecución de los conversos. Desde entonces, sólo Holanda, país protestante y alejado de la misión evangelizadora de portugueses y españoles, podía tener contactos con Japón, pero a nivel comercial y desde la pequeña isla de Dejima para evitar precisamente la propagación del catolicismo que tanto temían las autoridades niponas (Jansen, 2000).

[83] Dejima o *Deshima* (*shima* en japonés significa «isla»), era el enclave que tenían en exclusividad los holandeses para negociar y comerciar con los japoneses (desde 1641 hasta 1853), teniendo los primeros la prohibición de abandonar la isla, y pisar el resto del suelo japonés, sin permiso de las instancias niponas (Kimura, 2009).

De esta forma, la República Popular de China comenzaba su transformación hacia una potencia marítima en 1991, tras la citada caída de la URSS y la experiencia que le supuso participar en la Guerra del Golfo, incrementando el presupuesto de defensa hasta los 6.250 millones de dólares, un 12% más que en 1990. Y es que si algo quedó patente en la Guerra del Golfo es que contaba con una armada alarmantemente atrasada, logística y tecnológicamente, respecto a EE.UU. y sus aliados europeos. Como observó el propio Jiang Zemin[84], en referencia a tal contienda, quien señalaba: «*la guerra moderna se ha convertido en una guerra de alta tecnología, es decir, guerra en tres dimensiones, electrónica y de misiles*»[85]. Y en una de esas tres dimensiones se encontraba la marítima, donde China apenas disfrutaba de una herramienta disuasoria, pues, entre sus activos navales, carecía de un portaaviones, pieza imprescindible, ayer y hoy, para extender el poderío marítimo de un país.

Ante esta situación, en las dos siguientes décadas el presupuesto de Defensa chino ha crecido a un ritmo en torno a un 10% anual, alcanzando la cifra de 135 mil millones de dólares para el año 2015. Ese mismo año se anunció que continuaría esta apuesta por el incremento del gasto en Defensa, con cifras de dos dígitos, a pesar de que su economía se estaba ralentizando[86], ya que crecía en torno a un 7% de media y, en los próximos años, los pronósticos más optimistas anticipaban una caída paulatina de la misma.

Finalmente, en marzo de 2016, para sorpresa de los analistas, el Gobierno chino anunció un crecimiento del presupuesto de Defensa entre el 7 y el 8% y, desde entonces, la apuesta en gasto militar es notoria y sigue en aumento, como demuestran sus planes espaciales, incluso tras los efectos de la pandemia de COVID-19 en la economía china, especialmente en 2020. Sin embargo, como decíamos, oficialmente la inversión en defensa ya no se incrementa en dos dígitos como antaño. Algo que se ha entendido como un gesto hacia EE.UU. dadas las

---

[84] Jiang Zemin (1926-2022), fue presidente de la República Popular de China desde 1993 hasta 2003, apuntalando las políticas iniciadas por Deng Xiaoping en la década de los 80, ya sea la apertura económica como la gestión de las devoluciones de Hong Kong y Macao. Además, se caracterizó por reivindicar el confucionismo dentro de la cultura china (Ramírez, 2018:292).

[85] Maes, Javier (1991). «El Ejército chino, tecnológicamente en pañales. [en línea]. *El País* (edición escrita), 5 de abril de 1991. URL: < http://elpais.com/diario/1991/04/05/internacional/670802408_850215.html > [Consulta: 2 de junio de 2023].

[86] Vidal, Macarena (2015a). «China aumentará en un 10% su presupuesto de Defensa en 2015». [en línea]. *El País digital*, 4 de marzo de 2015. URL:<http://internacional.elpais.com/internacional/2015/03/04/actualidad/1425451410_607833.html> [Consulta: 7 de mayo de 2023].

recientes tensiones entre los dos países como consecuencia de la militarización de las islas en disputa. Y ahí conviene tener en cuenta la demarcación de lo que se conoce como *The nine-dash line*[87], donde Pekín tímidamente realiza una reclamación maximalista de su frontera marítima, sustentada en aspectos históricos, sobre casi todo el mar de China Meridional[88] (Tsirbas, 2016).

De todas formas, si bien el presupuesto se rebajaba del 10% medio anual, el gasto en Defensa todavía se mantiene holgadamente por encima del crecimiento de la economía. Además, los gastos en efectivos se han reducido considerablemente debido a que en septiembre de 2015 se adoptó prejubilar a 300 mil oficiales y suboficiales[89]. Es decir, ha habido un gran recorte en gasto en salarios en aras de la modernización del ejército. Y buena parte de ese dispendio se ha destinado a la adquisición e implementación de las unidades navales (especialmente de alta mar). Por lo que básicamente la fuerte apuesta en el presupuesto de Defensa continúa siendo la misma, ya que simplemente se optimiza y rentabiliza el gasto acorde a un ejército moderno.

El apostar tan fuertemente en Defensa se puede entender por las necesidades de seguridad que posee China, en un entorno cada vez más hostil a sus intereses, debido al miedo que suscita su exponencial crecimiento en todos los sentidos y, principalmente, por los conflictos marítimos que se dan en el conjunto del mar de China[90]. De ahí, la considerable inversión en la armada, que ya en 2013 se ha traducido en un cuerpo formado por 250 mil soldados que se reparten en: un portaaviones, tres submarinos nucleares dotados de misiles balísticos, cinco submarinos nucleares multifuncionales, sesenta submarinos diesel-eléctricos, sesenta destructores y fragatas, ciento sesenta dragaminas y anfibios, más unos trescientos navíos de distinta índole[91]. Además, como veremos más adelante, China está cons-

---

[87]   Se trata de una línea de demarcación que originalmente poseía *eleven-dash line* en un mapa publicado por primera vez por la República de China en 1947 para justificar sus pretensiones sobre el mar de China Meridional.

[88]   Es más, desde 2013, también ha establecido una décima línea que surge desde el este de Taiwán con la idea de ampliar su hipotética frontera marítima.

[89]   Espinosa, Javier (2016). «China frena el gasto militar en plena escalada». [en línea]. *El Mundo*, 5 de marzo de 2016. URL:<http://www.elmundo.es/internacional/2016/03/05/56d9e890268e3ebe5a8b4626.html > [Consulta: 12 de junio de 2023].

[90]   Gualtieri, Thomas (2014). «El sureste asiático empuja su gasto militar». [en línea]. *El País digital*, 27 de marzo de 2014. URL:<http://internacional.elpais.com/internacional/2014/03/21/actualidad/1395429751_718804.html> [Consulta: 12 de mayo de 2023].

[91]   RT (2015). «La Armada china, un gigante naval con pies de barro». [en línea]. *RT Noticias*. 23 de agosto de 2013. URL:<https://actualidad.rt.com/actualidad/view/103653-poder-naval-china-armada> [Consulta: 21 de mayo de 2023].

truyendo varios portaaviones para poder proyectarse con garantías en alta mar. Si en 2012 botó el portaviones Liaoning de origen ruso; en 2019 sacó adelante un segundo portaviones (Shandong), así como en breve un tercero (Fujian) que se prevé que entre en servicio para 2025, ambos de fabricación propia.

Sin embargo, el intento de transformarse en una potencia marítima, y en primer lugar en el mar de China, ha soliviantado la seguridad de países eminentemente marítimos como Japón, Corea del Sur, Filipinas e Indonesia (aliados o muy cercanos a Estados Unidos). Estados que, debido al desarrollo naval chino, han tenido que incrementar sus gastos en Defensa y, más concretamente, en su presupuesto naval (Mackinlay, 2011b:474). Los mencionados países aceptan la creciente hegemonía económica china, pero no así la naval. Máxime si implica la dominación del mar de China. Todo ello a pesar de que sigue habiendo una enorme diferencia entre el poder naval estadounidense y chino (Trigo, 2013:77). Aunque también lo había, más si cabe, entre el Japón Meiji y las grandes potencias occidentales y en unas pocas décadas las igualó (hasta el punto, como hemos visto, de que tanto Estados Unidos como Gran Bretaña buscaron denodadamente suscribir un acuerdo con Tokio para limitar el tamaño de sus respectivas armadas, en las conferencias de Washington y Londres, y evitar una carrera armamentística que, incluso, podría ganar el Imperio del Sol Naciente, algo inimaginable dos o tres décadas atrás).

Consecuentemente, en el mar de China parece que estamos asistiendo hoy en día al inicio de una nueva carrera naval como refleja el ascendiente gasto en Defensa de los países ribereños y grandes potencias regionales, tal y como se expone en un reciente comunicado el Stockholm International Peace Research Institute[92] (SIPRI). Y es que China, más allá de la diplomacia, como potencia realista que es, está incrementando su poderío militar exponencialmente. Sobre todo, como decíamos, en lo que concierne a su armada a causa de su política de seguridad destinada a defender sus reivindicaciones marítimas e integridad territorial (islas del mar de China, incluida Taiwán), así como fortalecer su seguridad, especialmente energética. Curiosamente, algo similar, salvando las distancias, ocurrió y ocurre con Japón.

En efecto, como respuesta al fortalecimiento militar chino, los países vecinos también se encaminan hacia una política armamentística por el miedo que le confiere China, y como un claro ejemplo tenemos al propio Gobierno japonés. De ahí sus denodados esfuerzos por convertirse en un «país normal» (*Futsu no kuni* ふつの

---

[92]   Stockholm International Peace Research Institute (2021). «Comunicado de prensa». EMBARGO 26 de abril de 2021. URL:<https://sipri.org/sites/default/files/2021-04/sipri_milex_press_release_esp.pdf> [Consulta: 27 de septiembre de 2021].

国), es decir, un estado con un ejército propiamente dicho; y no como las actuales Fuerzas de Autodefensa (*Jieitai* 自衛隊), que están limitadas por el artículo 9 de la Constitución nipona al impedirles el «derecho a la beligerancia» (*Kosenken* 交戦権). En este sentido, China puede entender, y en parte ya lo hace, como provocación la pretensión japonesa de ejercer una «diplomacia activa»[93] sustentada en una «remilitarización» de Japón (Hugues, 2005). No en vano, como señalábamos, Japón teme la preponderancia de China y ésta, a su vez, hace lo propio con Tokio y con su gran garante estadounidense. Así, tenemos el incremento en el presupuesto de Defensa japonés y la mayor presencia militar de EE.UU. en la zona, como reafirmación de su «dominio» regional, que China está poniendo en tela de juicio.

Por otra parte, EE.UU. está incrementando su presencia en el mar de China en detrimento de su presencia militar en Europa y Oriente Medio, con el llamado «pivote asiático» (recogido en la *Guía Estratégica del 2012* de la administración Obama), destinando un 70% de su flota a Asia-Pacífico (Trigo, 2013:107). Durante el imperialismo japonés la situación fue diferente. Una vez vencida la armada rusa y en honor a la alianza anglo-japonesa, Gran Bretaña pondrá su interés en el emergente poder marítimo alemán en las postrimerías de la Primera Guerra Mundial, reubicando buena parte de su armada en la ribera del continente europeo. Así, confiaba en el buen hacer de los japoneses en Asia-Pacífico, pensando que no rivalizarían ni con ellos ni con los estadounidenses, pues entendían que los nipones ya deberían estar satisfechos con la extensión y estatus que ya había alcanzado su imperio.

No obstante, tras el desplome del Imperio alemán, Japón continuará desarrollando su poderío marítimo, aun cuando ya no había un enemigo en común con las potencias marítimas. Inevitablemente el Imperio británico y EE.UU. pusieron sus miras en el Imperio del Sol Naciente, a quién presionarán para limitar el tamaño de su armada por medio de la diplomacia, política que tuvo éxito en la pacífica década de los años 20, no así en los años 30, cuando fracasó estrepitosamente como consecuencia del ascenso de los militares al Gobierno. Los nuevos gobernantes ya tenían en mente, por su pensamiento eminentemente realista, cuáles eran sus próximos enemigos a batir. En pocas palabras, quienes limitaban su poder naval y, por tanto, territorial. Y desde su prisma, obviamente, eran EE.UU. y el Imperio británico. De esta manera, al romper con las limitaciones que se autoexigían, en honor a los

---

[93] En 1996 el Gobierno japonés comenzó sus postulados sobre una «diplomacia independiente», aunque el Ministerio de Exteriores se limitó a traducirla de forma menos alusiva hacia los Estados Unidos como diplomacia activa, *proactive diplomacy* (Brzezinski, 1998:186).

tratados con Estados Unidos y Reino Unido, la Armada Imperial Japonesa podía rivalizar, e incluso superar, a sus homónimas anglosajonas.

Por otro lado, en el caso chino actual, también son conocedores de los posibles enemigos a enfrentar y, al igual que en el caso nipón, el más destacado será su antiguo aliado y potencia marítima de la región. Para hacer frente a ello, como decíamos, en 2012 China botó su primer portaviones bautizado con el nombre de Liaoning[94] en honor a la provincia china donde se reformó y partió a alta mar. Pero ello es sólo el principio de una gran armada, pues las pretensiones chinas van encaminadas a tener cuatro portaviones en la próxima década, de fabricación propia y con mucho más potencial que el ya referenciado (el segundo, el Shandong fue botado en 2019 y en 2025 tendrán el Fujian). No en vano, entienden que para tener una armada acorde a una gran potencia, hace falta disponer de al menos tres portaviones para uso: en servicio, adiestramiento y mantenimiento. Pretensión y pensamiento que comparte la vecina India, que desde 2004 posee un portaviones de fabricación rusa; y en 2022, tras los retrasos por la pandemia, ha sacado adelante un segundo portaviones de producción propia (Vikrant, «valiente» en sánscrito). China, para no quedarse relegada y de acuerdo a su poderío económico, está decida a tener una armada a su altura. Máxime cuando Japón, su tradicional «enemigo», ha intensificado su política realista tras la declaración unilateral de la ADIZ china sobre soberanía japonesa y, en concreto, sobre las islas Senkaku/Diaoyu.

Ante tal situación, el entonces primer ministro japonés Shinzo Abe anunció en 2014 un aumento de su presupuesto militar después de una década de recortes. De este modo, se elevaba el presupuesto quinquenal a un montante, nada desdeñable, de 174.000 millones de euros para el ejercicio 2014-2019[95]. El anterior quinquenio se dispensaba una partida de 165.000 millones euros[96], con lo que el aumento ascendía al 5% (Díez, 2013). Además, se van adquirir: cinco submarinos; dos destructores con sistema antimisiles AEGIS; veintiocho cazas F-35 invisibles al radar; cincuenta y dos vehículos anfibios; tres aviones no tripulados (drones), y diecisiete aeronaves Bell-Boeing V22 Osprey. Obviamente, dichas compras van destinadas a aumentar la defensa de las islas Senkaku/Diaoyu.

---

[94] En su origen, perteneciente a la clase Kuznetsov de la extinta URSS.

[95] Cifra que se queda en *peccata minuta* si la comparamos con los 121.000 millones de euros anuales que gasta China (Díez, 2013).

[96] Respecto al presupuesto militar, cabe resaltar que en 1976 el primer ministro Tadeo Miki estableció la barrera psicológica de que el presupuesto de Defensa no debía sobrepasar el 1% del PIB, algo que se ha respetado desde entonces salvo en 1988 y 1989 (López i Vidal, 2006:197-198).

Se trata de una política de seguridad que se asume tras el deseo de crear una unidad análoga al cuerpo de marines estadounidense[97]; y, especialmente, porque el Consejo de Seguridad Nacional japonés define a China como una «preocupación» debido a sus acciones militares y su falta de transparencia en cuestiones de defensa. En este sentido, Abe azuzó y difundió la idea del peligro chino para estrechar sus lazos con los países de la ASEAN. No en vano, la mayoría de ellos se encuentran en la misma tesitura que Japón, pues poseen conflictos territoriales con Pekín (islas Spratly y Paracelso). Al igual que también pretende afianzar su alianza con Washington y comprometer aún más a este país en la seguridad de Asia-Pacífico. Por todo ello, cabe advertir, como lo hace Joseph Nye, que:

> El auge de China trae a la mente la advertencia de Tucídides de que la creencia en la inevitabilidad del conflicto puede convertirse en una de las principales causas. Cada bando, creyendo que va a acabar en guerra con el otro, hace preparativos militares razonables, que entonces interpreta el bando contrario como la confirmación de sus peores temores (Nye, 2003:49).

Esta situación también se dio en los años 30 antes del estallido de la Segunda Guerra Mundial, donde las potencias comenzaron una carrera armamentística que, en suma, permitió alejar los efectos del Crack del 29. Además, Gran Bretaña estrechó lazos con EE.UU. debido al creciente poder naval japonés, en un primer momento para limitarlo y en un segundo para contrarrestarlo. Si bien en el caso previo a la Segunda Guerra Mundial estaba justificado el temor a Japón por su denodado militarismo, así como por su salida de la Sociedad de Naciones como consecuencia de su imperialismo sobre China. En el actual caso chino, no parece que China esté interesada en acabar con el vigente orden internacional a sabiendas de que ella es la máxima favorecida del mismo. Máxime cuando sus intereses en controlar el mar de China resultan legítimos si fuera cierto que tales islas pertenecen a sus dominios. Sea como fuere, China en más de una ocasión ha argumentado que no empleará la fuerza para dirimir estas disputas. Y más allá de las mencionadas reivindicaciones, no posee ningún interés sobre sus vecinos que pueda propiciar una guerra. De ahí que entendamos que existe una escalada armamentística que se encuentra más sustentada en el temor que en la realidad.

---

[97] Fackler, Martin (2013). «Amid Chinese Rivalry, Japan Seeks More Muscle». [en línea]. *The New York Times*, 17 de diciembre de 2013. URL:<http://www.nytimes.com/2013/12/18/world/asia/japan-moves-to-strengthen-military-amid-rivalry-with-china.html?_r=0> [Consulta: 13 de junio de 2019].

De esta manera, nos encontramos en la línea del «dilema de seguridad» (también conocido como «modelo espiral»), acuñado por el autor alemán John H. Herz en su obra *Political Realism and Political Idealism* (1950). El «dilema de seguridad» es:

> una noción estructural en el que los intentos de autoprotección de los estados para cuidar de sus necesidades de seguridad tienden, a dar lugar, independientemente de su intención, a la creciente inseguridad para los demás, ya que cada uno interpreta sus propias medidas como defensivas y las medidas de los demás como una amenaza potencial (Herz, 1950).

Así, los países de la región están incrementando su presupuesto militar debido al temor que le suscita el otro, habiendo una carrera armamentística precisamente a causa de este «dilema de seguridad» por no saber los intereses reales del otro, como tampoco conocer cómo quiere alcanzarlos, como consecuencia de una falta de transparencia y comunicación en ese sentido.

Fruto de este círculo vicioso, China está cayendo en esta espiral, al igual que la mayoría de los actores de la región. Se está produciendo pues una política realista en la región, independientemente de si es de carácter ofensiva o defensiva, llevada a la práctica por las distintas diplomacias y gabinetes que cohabitan en la zona. Quizá todo ello es fruto de la ausencia de una institución de seguridad, donde los distintos países que conforman la región, al menos los países litigantes, puedan dirimir sus diferencias o clarificar sus políticas de seguridad en aras de la construcción de políticas cooperativas que permitan reducir este pensamiento realista que lleva a una «carrera armamentística» de impredecibles consecuencias. En efecto, se trata de una institución que también se echó en falta durante el imperialismo japonés. Aunque, como decíamos, de poco hubiera servido, dado el contexto de la época caracterizado por el proteccionismo, léase, sin colonias no eras potencia. De esta forma, su carrera armamentística estaba plenamente justificada a causa del temor que suscitaba los antecedentes expansionistas nipones. No como en el caso actual de China, que desde hace décadas no ha protagonizado ningún conflicto armado, resolviendo sus disputas a través de la diplomacia. Eso sí, tienen en común que, en ambas épocas, sin una gran fuerza naval la seguridad de una nación depende de terceros. Y curiosamente, todos ellos, tienden a aliarse con la potencia marítima dominante.

Tal es así, que los países de la ASEAN en su conjunto miran a Washington, sabedores que sin el apoyo de EE.UU. poco pueden hacer frente a la preponderancia china (Holmes, 2013). Y es que el ritmo con el que China está aumentando y modernizando sus fuerzas, esta fuera del alcance de sus vecinos. Ni siquiera Japón, a pesar de que ha aumentado la partida del presupuesto en Defensa y el gran desarrollo tecnológico del que goza, puede hacer frente al coloso chino. De ahí que la idea de

Washington sea aproximar a la India[98] a sus intereses regionales (Yamaguchi, 2020), que sumada a la alianza que posee con Japón, Corea del Sur y Australia, como también al vertiginoso acercamiento con los países de la ASEAN[99], pueda establecer una gran fuerza conjunta.

Estamos posiblemente en la línea de la tesis de Julian Corbett que defendía que una coalición naval de armadas, aunque fueran débiles por sí solas ante un rival, si se agrupan con suma celeridad para poder hacer frente a cualquier problemática, podrían constituirse como una gran fuerza (Kaplan, 2013:154-155). Con esta idea trabajan EE.UU. y Japón, junto a los aliados de la región, tal y como demuestran los continuos ejercicios navales conjuntos que se están produciendo a lo largo del mar de China a instancias de la Casa Blanca. De esta forma, se puede evitar una notable carrera armamentística y se «invita» a China hacia una postura diplomática para solventar las eventuales diferencias. Algo que no pasó en tiempos previos a la Segunda Guerra Mundial, pues el orden internacional estaba seriamente dividido y, sobre todo, discutido.

7.2. ASPECTOS GEOECONÓMICOS PARA JAPÓN Y CHINA POR EL DOMINIO DEL MAR DE CHINA. LA IMPORTANCIA DEL DERECHO MARÍTIMO

Como hemos apuntado anteriormente, el mar de China posee una gran riqueza en hidrocarburos y recursos pesqueros, así como una de las principales rutas marítimas del mundo. Ya sea entre las grandes potencias, del pasado y del presente, o por los propios países ribereños que, en suma, eran antiguas colonias de las potencias euroamericanas, el conflicto en estas aguas parece recurrente.

En este sentido, ayer y hoy, el principal motivo de confrontación entre los distintos actores se sustenta en la necesidad de asegurar las redes comerciales, es decir, el derecho de paso por tales aguas. Y para tal fin se emplean distintos mecanismos basados en el pensamiento plenamente realista, léase el poder naval, siendo predominante en la escena internacional durante el imperialismo japonés;

---

[98]   Washington está implementando una alianza denominada Quad, compuesta por EE.UU., India, Australia y Japón, con el fin de poder hacer frente a una posible amenaza china (Yamaguchi, 2020).

[99]   *Acuerdo de Cooperación de Defensa Aumentada*, firmado en 2014, con Filipinas. EE.UU. logra incrementar la operatividad y la presencia de sus fuerzas armadas en la zona, teniendo un puerto en el mar de China Meridional para la VII Flota (Reinoso, 2014b).

o por el contrario en el pensamiento liberal[100], más propio de nuestros días, que si bien no descarta el uso y el fortalecimiento del poder naval, su prioridad se dirige en asegurar los intereses de los diferentes países por medio de acuerdos, alcanzados en organizaciones internacionales, como el Derecho del Mar. Se trata de un derecho a valorar, pues en la actualidad el derecho marítimo se respeta globalmente. El problema reside cuando hay discusiones sobre la soberanía de unas islas, las cuales pueden otorgar a unos o a otros el derecho de paso y los recursos que están adscritas a ellas a partir de sus respectivas ZEE.

Pero antes de entrar en la ZEE, conviene recordar qué intereses económicos deseaban y desean lograr el Japón imperialista y la China actual con el dominio del mar de China.

Por lo que respecta a Japón su interés iba más destinado a controlar las rutas marítimas, ya que desconocían muchos de los recursos petrolíferos que albergaba y, sobre todo, aún no contaban con la tecnología necesaria para explotar los recursos del subsuelo marítimo. Sin contar que carecían de la jurisdicción para acometer tal acción, a diferencia del caso chino actual, que aparte de asegurar las rutas comerciales, también pretende explotar el subsuelo marino y, de hecho, así lo está haciendo ya con las controversias que ello acarrea.

Ciertamente, antes de la Convención de Naciones Unidas sobre el Derecho del Mar (UNCLOS) de 1982 los Estados tan sólo tenían derechos soberanos sobre una distancia de tres millas náuticas desde sus costas. Es más, ni siquiera todos los países reconocían tales derechos, especialmente las potencias navales de la época. Es en este contexto, en el de «la ley del más fuerte», en el que Japón primó su desarrollo del poder marítimo, de acuerdo a los postulados de Mahan, para poder satisfacer sus necesidades nacionales que, como decíamos, iban destinadas a asegurar las vías de comunicación entre las colonias y la metrópoli. De esta forma, como hemos comentado anteriormente, a falta de poder asegurar su abastecimiento de materias primas e hidrocarburos, Tokio inició una política imperialista destinada a conquistar territorios y en donde la armada, como consecuencia de una legislación marítima que no favorecía la libertad de navegación (e incluso

---

[100] Respecto al liberalismo, cuya influencia está ligada a la tradición kantiana, aceptan la situación de que el Estado todavía sigue siendo el actor principal del sistema internacional. No obstante, comienzan a valorar la relevancia que pueden tener otros actores no estatales como las ONG, las multinacionales o la propia sociedad civil. En pocas palabras, asumen una pluralidad de actores a la hora de conformar y/o confeccionar el sistema internacional. Además, también sostienen que el sistema internacional es anárquico, pero ello no conlleva que no pueda haber instituciones u organizaciones internacionales o supranacionales (López i Vidal, 2010a:31-32).

en las propias aguas adyacentes), se erigía en el instrumento para hacer valer los derechos soberanos de conectar los territorios de ultramar con la metrópoli.

Por otro lado, respecto a la China actual existe una legislación marítima, UNCLOS, que facilita la libertad de navegación en los mares, al igual que también señala la jurisdicción de los Estados sobre sus aguas y el respeto de terceros a la misma. Así, conforme a la citada legislación marítima, las islas en disputa del mar de China poseen un tamaño considerable si se les añade la superficie marítima adscrita a ellas. No en vano, se les atribuye una ZEE con una extensión no superior a 200 millas náuticas desde la línea de base (art. 57 del UNCLOS).

Las islas en disputa son vitales para China, debido al espacio marítimo que se les confiere, junto al derecho exclusivo de explotación y uso de tales aguas (art. 56 del UNCLOS). Naturalmente el dominio de las islas haría de China la potencia dominante en la región. Japón, la ASEAN (concretamente Vietnam, Filipinas, Malasia, Brunéi e Indonesia) y EE.UU. desean evitar este desequilibrio de poderes. Tal dominio pasaría por hacerse con la soberanía de las islas, islotes y archipiélagos en disputa: Senkaku/Diaoyu, Paracelso, Spratly y Natuna.

Los países litigantes, debido a su posición cada vez más endeble y sin instrumentos de persuasión ante la preponderancia del poderío chino, apelan a solucionar estas diputas por medio de la ASEAN u otro organismo supranacional como el Tribunal de Justicia Internacional, además de la mediación de Washington. Por su parte, Japón no reconoce ningún conflicto y se sitúa bajo el amparo de EE.UU. con el Tratado de Seguridad de 1960.

A tales vías de negociación se opone rotundamente Pekín, pues apuesta decididamente en tratar estas problemáticas de manera bilateral, sabedora de su creciente posición de fuerza. Eso sí, al menos se ha logrado, tras varios enfrentamientos armados nocivos para la estabilidad y el comercio regional, rubricar en Camboya (2002) una Declaración sobre la Conducta de las Partes en el mar de la China Meridional, donde los países en litigio en el mar de China Meridional se comprometían a solventar la disputa por medio de la diplomacia (García Segura; Ibáñez; Pareja, 2009:83). Además, se han establecido en todo el mar de China acuerdos de prospecciones conjuntas para dilucidar las riquezas del subsuelo marítimo e iniciar su explotación, ya estén en aguas del mar de China Oriental o Meridional y cuya soberanía no esté en entredicho.

De igual manera, China persiste en su intento de hacerse con la totalidad de las islas en disputa y, por ende, las aguas que las rodean para incrementar su poder marítimo. Así, ha iniciado una serie de construcciones en el mar de China Meridional, especialmente de carácter logístico, como pistas de aterrizaje y puertos, que precisan la unión de atolones y arrecifes con la idea de construir islas artificiales (Hayton, 2015). Estas construcciones, más allá de reforzar la posición militar de Pekín en la zona, van encaminadas a reforzar su reclamo territorial, pues China carece de una isla propiamente dicha en las Spratly. Y es que, hasta ahora, sólo disfruta de arrecifes y atolones que, conforme al derecho marítimo internacional, no disfrutan de ZEE. Por esta razón, su «transformación» en islas para poder gozar de esas suculentas prebendas. Tal práctica —la creación de islas artificiales— no está reconocida por el UNCLOS y, por tanto, no se las dotaría de una ZEE. Ciertamente, China desea que a tales islas artificiales se les reconozca una ZEE, siendo un claro ejemplo la presión que ha ejercido sobre Japón acerca de si Okinotorishima/Parece Vela[101] puede tener una ZEE o no.

Igualmente, como señalábamos, Pekín ambiciona todas las islas en disputa del mar de China en su conjunto, pues la suma de tales islas, con sus respectivas ZEE, le daría el control sobre el acceso a las rutas comerciales que transcurren por el mencionado mar. De acuerdo con el derecho marítimo, cualquier barco debería pedir permiso al Estado chino para poder navegar en dichas aguas. Por lo que, en síntesis, controlarían el comercio de la región que está nominada a ser el motor económico global del siglo XXI y que, presumiblemente, veremos en la presente década dadas las previsiones de crecimiento del Fondo Monetario Internacional (FMI), que preveía para 2021 un incremento del 8,4% y un 5,6% para 2022 de su PIB[102], aunque los efectos económicos de la pandemia (en especial por la mayor prolongación de las

---

[101]   Deseamos destacar el caso particular, en cuanto a derecho marítimo internacional, de la isla de Okinotorishima (沖ノ鳥島, en japonés), sita en el mar de Filipinas. Su nombre en japonés significa «Isla remota de los pájaros». Está compuesta por tres islotes: Higashikojima (東小島, «Islote Oriental» con un área de 1,6 m²); Kitakojima (北小島, «Islote Septentrional», con una zona de 6,4 m²); y Minamikojima (南小島, «Islote Meridional», que es netamente artificial). En su conjunto, comprenden una superficie de unos 9 m² que sobresalen entre 10 y 20 cm de altura en marea alta en una extensión entre islote e islote que alcanza unos 5 km² (4,6 km de este a oeste y 1,7 km de norte a sur). Sin embargo, su extensión puede ser muchísimo más grande conforme al derecho marítimo internacional. Además, la isla de Okinotorishima es el territorio más meridional de Japón, que se encuentra a más de 1740 km al sur de Tokio y a más de 500 km de distancia del territorio japonés más cercano. La cuestión, es que si bien China no discute la soberanía de tal enclave, sí que discute que tal atolón sea un territorio con aguas adscritas a él. Por esta razón, China niega que Okinotorishima pueda tener una ZEE al señalar que se trata de una roca inhabitable. Es decir, Pekín se basa en el punto 3 del artículo 121 del UNCLOS, que hace referencia al *Régimen de las islas*, en el que se estipula que: «*Las rocas no aptas para mantener habitación humana o vida económica propia no tendrán zona económica exclusiva ni plataforma continental*» (art. 121 del UNCLOS). En resumen, China no acepta que tal enclave tenga una ZEE. No en vano, si fuera así, Okinotorishima tendría una superficie de 430 mil km², en una zona entre Okinawa y Guam vital para los intereses defensivos de EE.UU. y Japón.

[102]   Agencia EFE (2021). «La economía china avanzará un 8,4% en 2021 y un 5,6% en 2022, según el FMI». [en línea]. *El Diario.es*, 6 de abril de 2021. URL:<https://www.

medidas ante el coronavirus COVID-19), lastraron dichas previsiones a un crecimiento real de un 8,1% para 2021 y un 3% para 2022. Y a la espera de cómo se comportará la economía china tras la prolongación de la Guerra de Ucrania y los efectos del nuevo conflicto palestino-israelí de principios de octubre de 2023.

Por otra parte, más allá de ser una de las principales rutas del comercio mundial, tanto para el Japón actual como el imperialista, dicha ruta era y es su principal línea de abastecimiento de materias primas. Así que depende de un tercero para poder nutrirse de fuentes energéticas, lo que compromete sobremanera sus economías y, por ende, su seguridad. Mucho más en los tiempos que corren, ya que cada vez es más complejo conseguir esos nichos de abastecimiento de materias primas dada la creciente demanda de hidrocarburos protagonizada por la propia China e India. Es un hecho que ha acrecentado los precios, así como ha elevado la importancia geoestratégica y geoeconómica de algunas regiones (López-Davadillo; Martín, 2012:327), más allá de Iberoamérica u Oriente Medio, la del propio mar de China, donde se han acuciado las tensiones, precisamente, por la dificultad de nutrirse de hidrocarburos.

Por último, dicho mar también es importante en lo referente a los recursos pesqueros, si bien en la primera mitad del siglo XX no suponía grandes problemas entre los países vecinos, pudiendo faenar y pescar con plena libertad, con las ZEE y el paupérrimo estado de los caladeros, dichos recursos cobran una mayor importancia. Y es que poseer una ZEE que aglutine tales caladeros (como en el caso de las Senkaku/Diaoyu), te confiere el derecho a explotarlos y, sobre todo, a tener la posibilidad de negarle el acceso a otras flotas pesqueras. Con el impacto económico que ello supone.

En resumidas cuentas, tanto en la época del Japón imperialista como en la China actual, el mar de China posee una importancia vital para el comercio regional, pues es el nexo de unión de los distintos estados ribereños, como también de éstos con otras regiones del mundo. En cambio, en lo que atañe a recursos de hidrocarburos y pesqueros, dada la escasez de los mismos y la nueva legislación marítima, en la actualidad el mar de China ha alcanzado mayores cotas de relevancia para los países que pretenden controlarlo. Por lo que, si en su día el mar de China poseía prácticamente un gran valor geoestratégico, en la actualidad dada su importancia geoeconómica es, si cabe, todavía mayor. En definitiva, estamos ante un mar con un fuerte peso geopolítico.

---

eldiario.es/economia/economia-china-avanzara-8-4-2021-5-6-2022-fmi_1_7380995.html > [Consulta: 12 de agosto de 2023].

7.3. LA ACTUAL POLÍTICA REGIONAL DE CHINA COMPARADA CON LA POLÍTICA REGIONAL DEL JAPÓN IMPERIALISTA. LA BÚSQUEDA DEL LIDERAZGO REGIONAL

Las políticas regionales de la China actual y del Japón imperialista difieren notablemente teniendo en cuenta el contexto internacional. Eso sí, comparten su deseo de alcanzar el liderazgo regional que, en suma, pasa por dominar el mar de China. En este sentido, Japón se apoyará sustancialmente en el «poder duro», traducido en la construcción de una gran armada para ejercer un imperialismo militar que lo erija en el *hegemon* regional. Por lo que su política exterior y de seguridad se asentará netamente en el expansionismo territorial y marítimo, léase a la creación de su imperio colonial, con el fin de apuntalar su posición regional y global. Por otra parte, en el caso chino apreciamos una política exterior con una menor importancia del poder duro. Aunque eso no impide que se desarrolle para alcanzar el liderazgo regional, pues resulta imprescindible para defender su posición.

En efecto, respecto a la finalidad de la política naval china, cabe decir que su gobierno esgrime que el aumento de navíos tiene como objetivo la seguridad dentro de los límites de su soberanía. Sin embargo, parece una política dirigida claramente a extender su poder marítimo y garantizar la contención frente a posibles potencias rivales como Estados Unidos (posiblemente también como una incipiente política expansiva). En nuestra opinión, valorando que el gasto va destinado a la construcción de portaaviones y buques de alta mar, resulta evidente que dicha política va más allá de incrementar la seguridad dentro de sus propias aguas. Máxime, sabedores del potencial balístico que posee el gigante asiático y que facilita una óptima defensa de sus costas sin necesidad de contar con una vasta flota.

Por esta razón, creemos que dicha política va orientada a ampliar el alcance de su poder marítimo para alejar de sus costas a un eventual enemigo, que bien podría ser EE.UU. al dominar el mar de China. Por ahora desechamos la opción del expansionismo territorial debido a que China no tiene ninguna necesidad de expandirse al ser el mayor privilegiado de la Globalización y, sobre todo, por las muestras de llegar a acuerdos con sus países vecinos para resolver las disputas marítimas de manera pacífica. Además, su principal objetivo es, como decíamos, introducir a los países de la región bajo su influencia (como también asegurar su abastecimiento, donde los países asiáticos serán de gran ayuda). Y es que para China, aun desarrollando su poderío naval, su principal baza para auparse como líder regional descansa en el deseo de crear un entorno de interdependencia económica en Asia-Pacífico. Fin observado durante el Comité Central del Partido Comunista de 2013, donde Xi Jinping señaló que, dentro de su política denominada «Sueño chino», pretende alcanzar con sus vecinos *unas relaciones políticas más amistosas, unos vínculos económicos más interdependientes, una cooperación de seguridad más profunda y unos lazos entre sociedades más estrechos».*

De esta manera, la finalidad de su nueva política regional se sustenta en que China no sólo se beneficie de sus vecinos asiáticos, sino que estos también se beneficien del desarrollo chino (incentivar y asentar la interdependencia). En pocas palabras, desea implementar la idea de socios y amigos entre ellos para, de este modo, contrarrestar el llamado pivote asiático de EE.UU. (Delage, 2015:15). Igualmente, en las primeras décadas de esta centuria, como señala en su tesis doctoral Fernando Delage: *«la República Popular no ha transformado la estructura geopolítica de Asia, pero sí ha reorientado la dinámica regional»*[103] (2014:422), ejerciendo una mayor atracción hacia el resto a costa de sus relaciones con Estados Unidos.

En esta línea, otro camino de confluencia regional es el *Nuevo Concepto de Seguridad Asiático*, heredero del *Nuevo Concepto de Seguridad*[104] chino y que, según sus preceptos, a largo plazo lo harían incompatible con el sistema de alianzas de Washington en la región, sobre todo porque está en contra de las alianzas bilaterales. En resumidas cuentas, el concepto pretendería edificar una estructura panasiática que iría en detrimento de la influencia de EE.UU. en la región (Delage, 2015:17), ya que extendería la influencia china, como país asiático, mientras se diluye la estadounidense.

De esta manera, si Deng Xiaoping buscaba un «perfil bajo» de la política exterior china para no soliviantar o asustar a sus vecinos y, principalmente, a EE.UU., con Xi Jinping se produce un giro, al ser notoriamente proactiva, como demuestra la inflexible actitud en la defensa de los territorios en disputa y, especialmente, en la búsqueda de la exclusión de Washington en tales conflictos asiáticos.

Por otro lado, Pekín pretende desarrollar un *«nuevo tipo de relaciones entre las grandes potencias»*, concepto e idea que tiene como propósito ahuyentar e impedir cualquier conato de violencia o conflicto entre China y EE.UU. (Delage, 2015:14). No en vano, si contemplamos la Historia moderna y contemporánea, nunca la primera potencia ha sido superada por la segunda sin una guerra de por

---

[103] Delage Carretero, Fernando (2014). *La República Popular China y la reconfiguración del orden asiático (1997-2005)* (Tesis doctoral). Madrid: Universidad Complutense de Madrid (Facultad de Ciencias Políticas y Sociología).

[104] En él se establece que la defensa se debe sostener bajo los principios de soberanía, unidad, integridad territorial y seguridad. Pero es importante para China dejar claro que los temas concernientes al Tíbet, Xinjiang y Taiwán (también las islas en disputa) están exclusivamente bajo su tutela, pero sin descartar la colaboración internacional contra el terrorismo, véase SCO, mientras no socaven dichas premisas.

medio[105]. Este hecho nos lleva a la «teoría de transición de poder» (*Power Transition Theory*), la cual se puede dar pacíficamente, pero también por medio de una guerra. Normalmente, cuando hay varias potencias que dominan el orden internacional, la guerra por la primacía resulta casi inevitable[106] (Nolte, 2006:11). Y es que se da una jerarquía múltiple en donde los distintos poderes desean establecer sus «sistemas» en el orden internacional, y al no haber una «superpotencia» que se erija sobre el resto de potencias, hay espacio para la lucha y el establecimiento de su jerarquía.

Un ejemplo de estas lidias en el orden internacional se observa en el período de entreguerras, donde también se daba esta jerarquía múltiple o mundo multipolar. Pues Japón convivía con otros grandes actores y el Imperio británico, a pesar del dominio de los mares y de su tremendo poder territorial, estaba languideciendo y no destacaba sobremanera sobre el resto de potencias como Francia, Alemania, Rusia y EE.UU.[107] En este sentido, el orden internacional y la jerarquía dentro del mismo estaba sumamente discutido. Así, con el militarismo japonés y el fracaso de las limitaciones navales que se defendían desde la Conferencia de Washington, el orden regional en Asia-Pacífico se desmoronó y, a la postre, condujo a la Guerra del Pacífico (Murakami, 2011:26).

---

[105] España superada por Francia en la Guerra de los Treinta Años; Francia por Gran Bretaña en las Guerras napoleónicas; y Gran Bretaña, tras el fracaso de la Alemania nazi, en detrimento de EE.UU. en la Segunda Guerra Mundial como aliado.

[106] La Primera Guerra Mundial y la Segunda Guerra Mundial, en gran medida, tuvo como origen la pugna de la jerarquía internacional al haber varios polos de poder que se habían agrupado en dos grandes bandos, cuando uno de los miembros entra en disputa con un componente del otro grupo, dicha disputa corre el riesgo de convertirse en un *casus belli* entre ambos países y, al mismo tiempo, entre ambos bloques si los primeros no la solventan de manera pacífica. Es más, si la Guerra Fría no desembocó en una tercera guerra mundial se debió a que es más fácil reconducir una situación entre dos polos de poder (es decir, entre dos actores políticos), que entre seis; como más o menos se dio en los citados casos anteriores. Y, aun así, poco faltó para que se diera ese escenario bélico durante la llamada Crisis de los mísiles cubanos. Afortunadamente, tanto Kennedy como Kruschev llegaron a un entendimiento y, posteriormente, establecieron una línea directa entre la Casa Blanca y el Kremlin con el conocido «Teléfono Rojo» para evitar una posible escalada de fatales consecuencias. Hoy por hoy, no se ha dado esa situación de nuevo debido a que EE.UU. es el garante del actual orden internacional, pero, como decíamos, con el advenimiento de China y otras potencias en pocas décadas nos encontraremos en un escenario similar, léase multipolar, en donde será preciso que todos estos actores puedan configurar una nueva arquitectura internacional de manera pacífica.

[107] Máxime cuando EE.UU., desde 1900, era la primera potencia económica mundial.

Por otra parte, en nuestros días todavía disponemos de un sistema internacional bien definido, puesto que no existen jerarquías de poder paralelas como en los tiempos del imperialismo japonés. Hoy en día, hay una superpotencia que se sitúa en la cúspide del sistema internacional y que en gran medida lo orienta y lo define al disfrutar de varios poderes (como el militar, económico, cultural, etc.). Aunque cabe decir que esta potencia dominante a nivel global, a medida que transcurre el tiempo se va encontrando con mayores limitaciones (especialmente si está en declive). Puesto que las potencias regionales pueden intervenir en los subsistemas regionales cuando el statu quo del acceso a los recursos políticos y económicos regionales se encuentren en contradicción a los intereses de la potencia hegemónica mundial (Nolte, 2006:11). Este hecho se dio en los inicios del imperialismo japonés frente al conjunto del imperialismo occidental y que, en la actualidad, se podría vislumbrar en las relaciones entre China y EE.UU., con el denominador común de tener la intención de controlar el mar de China.

Como vemos, una potencia regional puede crear un equilibrio frente a la potencia global en la región. Aunque también se puede dar en la zona una alianza frente a esa emergente potencia regional, que puede ser incitada y promovida por la potencia global. Así, observamos que potencias regionales como Japón, Indonesia, Australia, etc., se alían auspiciadas por EE.UU. frente a la preponderancia china (algo que se puede extrapolar a la alianza del Imperio británico con el Japón Meiji frente a la Rusia zarista, precisamente porque era San Petersburgo quien ponía en tela de juicio las jerarquías regionales en Extremo Oriente). Posteriormente, con el militarismo japonés, se llegó demasiado tarde para poder contrarrestar su desafío del orden regional e internacional, al tener que lidiar con otros polos de conflicto en otras regiones del mundo, donde la jerarquía regional era discutida, como en Europa con la Alemania nazi.

Sea como fuere, observamos que el dominio del mar circundante es la pieza clave para erigirse en líder regional. Y es que quienes han desafiado ese orden por medio del poder territorial, ya sea la Rusia zarista o la Alemania nazi (e incluso la Francia napoleónica), acaban sucumbiendo por la potencia marítima que, al fin y al cabo, constriñe y aprisiona el territorio. Japón apostó acertada e ineludiblemente por el poder naval, pero a la larga se encontró con un poder naval mayor, el estadounidense, que operaba junto a otras fuerzas marítimas como la británica.

Respecto a esto último, aunque China lograra levantar un grandísimo poder naval, se podría encontrar en un futuro en la misma tesitura. No en vano, como reconocía en 2014 el propio jefe de la Armada del Ejército Popular de Liberación de China, Wu Shengli, Pekín posee una cooperación limitada con otros poderes navales[108]. Y esto es algo de lo que goza sobradamente Washington (sin ir más lejos con el AUKUS, la alianza militar creada en septiembre de 2021 junto con Australia y Reino Unido), por lo que China precisa atraer a terceros Estados a sus intereses, y a ser posible en detrimento de EE.UU., por medio del «poder blando» que enseguida detallaremos, para complementar y fortalecer su poder duro. Por esta razón, el considerable esfuerzo de Xi Jinping para con sus vecinos:

> Debemos promover la diplomacia hacia la vecindad, convertir las áreas vecinas de China en una comunidad de destino común, mantener los principios de amistad, sinceridad, beneficio mutuo e inclusión en la gestión de la diplomacia hacia la vecindad, promover la amistad y la asociación con nuestros vecinos, fomentar un entorno en nuestra vecindad amistoso, seguro y próspero, e impulsar la cooperación de beneficio mutuo y la conectividad con nuestros vecinos (Delage, 2015:18).

7.4. La política de prestigio internacional y *soft power*

Ciertamente, en contraposición al «poder duro» (*hard power*), en las últimas décadas ha emergido con fuerza en el mundo académico el concepto de «poder blando» (*soft power*) que, en palabras de su máximo exponente Joseph Nye, se define así:

> El poder militar y el poder económico son ejemplos de poder duro, del poder de mando que puede emplearse para inducir a terceros a cambiar de postura. El poder duro puede basarse en incentivos (zanahorias) o amenazas (palos). Pero también hay una forma de ejercer el poder. Un país puede obtener los resultados que desea en política mundial porque otros países quieran seguir su estela, admirando sus valores, emulando su ejemplo, aspirando a su nivel de prosperidad y apertura. En este sentido, es tan importante tener la vista puesta en la política mundial y atraer a terceros como obligar a otros a cambiar mediante amenazas o el uso de armas militares o económicas. Este aspecto del poder —lograr que otros ambicionen lo que uno ambiciona— es lo que yo llamo poder blando. Más que coaccionar, absorbe a terceros (Nye, 2003:30).

En este sentido, el imperialismo japonés se aprovechó del contexto regional, en el que estaban sumidos los territorios asiáticos bajo el yugo occidental, para erigirse en el salvador y el modelo a seguir a la hora de iniciar un camino nacional ajeno a la tutela occidental (al grito de «Asia, para los asiáticos» y en sintonía

---

[108] Page, Jeremy (2015). «EE.UU. ve con cautela y esperanza la expansión de la armada China». [en línea]. *The Wall Street Journal*, 2 de abril de 2015. URL:<http://lat.wsj.com/arti­cles/SB12451244521881693796604580556712445406030> [Consulta: 13 de junio 2023].

con la célebre Doctrina Monroe[109] estadounidense, durante la independencia de los países latinoamericanos). Japón quería ser para Asia lo que EE.UU. fue para América frente al colonialismo europeo. Por este motivo, Tokio inició una campaña propagandística cuyo punto álgido se experimentó durante la Segunda Guerra Mundial con el establecimiento de la llamada Esfera de Coprosperidad de la Gran Asia Oriental. Esta política fue posible gracias al paulatino aumento de su prestigio en Asia-Pacífico como consecuencia de las reiteradas victorias sobre las potencias occidentales, así como por la conquista de territorios en detrimento de éstas últimas. De esa forma, lograba sus tan ansiados fines de alejar a los occidentales de Asia y de sus tierras, como también de sus asuntos nacionales, tanto de Japón como de los territorios colonizados por los imperios occidentales.

Y en ello también ayudaba su política panasianista sustentada en ganarse el favor de los pueblos dominados al fomentar su identidad a través de sus tradiciones nativas y, especialmente, al explotar su malestar y animadversión hacia el imperialismo occidental. Así intentará ganarse a «lo asiático», ya sea por medio de la aculturación o *niponización* en los territorios de dominio directo (Corea, Taiwán, Mandato del Pacífico Sur, islas Kuriles, etc.), o a través de la difusión de los postulados panasiáticos en los enclaves de dominio indirecto (Filipinas, Manchukuo, Indochina, Indonesia, etc.) (Todd, 2005). No en vano, tales territorios, especialmente las colonias, debían aportar las materias primas necesarias para su desarrollo y musculo industrial, así como ser los mercados para dar salida a sus excedentes fabriles. Y todo ello, como decíamos, gracias y a partir del ascenso del Japón Meiji en el orden internacional que lo erigían en el modelo a seguir para los países asiáticos. Así, en la primera mitad del s. xx, presenciaremos como los intelectuales japoneses venderán las bondades del Japón como el adalid y el baluarte de lo asiático. Y de cómo otros intelectuales asiáticos, principalmente chinos, se educarán en las universidades niponas y escogerán «lo japonés» para modernizar sus respectivos países, en sintonía con la modernización nipona basada en la concepción «espíritu oriental, técnica occidental», en pro del país y en contra de la occidentalización.

En este sentido, cabe advertir que, si bien el panasianismo fue una pieza del poder blando japonés a finales del siglo xix y bien entrado el siglo xx, este poder de atracción, más allá de su vertiente ideológica, se nutría del uso del poder duro frente a las potencias occidentales. Y es que el panasianismo justificaba o glorificaba el poder duro japonés, al concederle la aureola de libertador de Asia (u

---

[109]   Doctrina defendida por el presidente James Monroe en 1823 ante la «Santa Alianza».

obrar por el bien de Asia, incluso cuando luchaba frente a China), contra el yugo occidental. De esta manera, si bien el panasianismo no se puede considerar un poder blando al uso, especialmente para quien sufre su vertiente violenta, sí que lo puede ser entre sus pares asiáticos al identificarse con la teórica causa japonesa, adquiriendo prestigio, valor o admiración de los «otros», a pesar de no obviar una acción de poder duro. Ejemplos claros de ello serían: la labor evangelizadora o civilizadora que justificó el colonialismo e imperialismo occidental de la época; la intervención de EE.UU. en las dos guerras mundiales en defensa de las libertades y la paz en Europa; o, sin ir más lejos, la defensa de los Derechos Humanos en la actualidad. Tales políticas e ideas van destinadas a la comunidad internacional para verse como un «actor responsable» y justificar sus acciones (como también, más si cabe, para «convencer» a su propia población de su papel en el exterior).

Fig. 14. Conferencia de la Gran Asia Oriental, en noviembre de 1943, entre los líderes de los países de la región ocupada por el Imperio Japonés. En el centro Hideki Tojo[110], y a la izquierda de la imagen tenemos a Ba Maw (Birmania), Zhang Jinghui (Manchukuo), Wang Jingwei (la China del régimen de Nankín); y a la derecha aparecen Wan Waithayakon (Tailandia), José P. Laurel (Filipinas) y Subhas Chandra Bose (presidente del gobierno provisional de la India libre). Fuente: Mainichi Newspapers Company.

[110]   Hideki Tojo (1884-1948), primer ministro de Japón desde 1941 hasta 1944.

No obstante, el fin japonés se vio seriamente en entredicho por la propia política imperialista que ejercían sobre los asiáticos, así como por la brutalidad de su administración y el terror que infundían sus soldados, socavando el elocuente eslogan de «Asia para los asiáticos» (Schirokauer; Lurie; Gay, 2014:288). Y es que a medida que avanzaba la guerra era más evidente que el único interés de Japón en esos territorios era, simple y llanamente, explotarlos para mantener y catapultar al Imperio japonés como la gran potencia regional, y no así liberar y ayudar a los pueblos de Asia.

Por otra parte, China está cosechando el mismo «poder blando» que disfrutó Japón en cuanto a éxito económico se refiere, pues le hace alcanzar una gran notoriedad en el orden internacional, como modelo a imitar, y lo que ello conlleva para atraer al «otro» a su cosmovisión del mundo, a profundizar sobre su cultura, etc. Si a finales del siglo XIX se dio el *Japonismo*[111] en Europa, hoy en día lo sínico cada vez tiene más presencia en la vida cotidiana global. En efecto, muchas personas se están interesando por el aprendizaje de su idioma (expansión del Instituto Confucio[112] desde 2004), o bien desean viajar a China y adentrarse en su milenario mundo. Por no hablar de sus creaciones artísticas o tecnológicas que comienzan a dar a China una aureola de sociedad desarrollada, vanguardista y de prestigio, sobre todo en el contexto asiático. Además, su cultura confuciana le ha conferido un considerable aumento de su poder blando en Asia Oriental (Nye, 2003:43), que ya venía de antes, pero que con la Revolución Cultural (1966-1976) y los excesos del comunismo se había truncado o, cuando menos, mermado.

De todas formas, ese emergente poder blando chino se encuentra seriamente limitado por las tensiones ocasionadas por los conflictos marítimos que mantiene con sus vecinos. De hecho, de poco han servido los denodados esfuerzos desde 2007, con el entonces presidente Hu Jintao a la cabeza, por aumentar el poder blando de China para disminuir el riesgo de asustar a sus vecinos debido a su espectacular ascenso.

Esta política en aras de potenciar su poder blando la ha continuado su sucesor Xi Jinping y se calcula, según el prestigioso sinólogo David Shambaugh, en un

---

[111]   El *Japonismo* se dio a finales del s. XIX y principios del s. XX en Europa, especialmente en Francia y Gran Bretaña, donde los artistas occidentales se vieron influenciados por las artes niponas, especialmente a través de sus xilografías o grabados, para confeccionar obras pictóricas de manufactura impresionista, modernista y cubista (Ives, 1974).

[112]   Se trata de una institución promovida por el Ministerio de Asuntos Exteriores chino con el fin de promover la lengua y cultura china y, por ende, el poder blando del país. Algo similar a lo que hace España con el Instituto Cervantes y con gran éxito.

coste cercano a diez mil millones de dólares. Realmente estamos ante una cantidad sumamente abrumadora si la comparamos con los 666 millones que invierte Washington en esta faceta. No obstante, a pesar de dicha política y el éxito del Banco Asiático de Inversión en Infraestructura (BAII), todavía apenas obtiene resultados acordes a su inversión (Nye, 2015). Y es que buena parte del poder blando procede de los valores que se expresan a través de la cultura, la política interna y externa de un país (Nye, 2003:31). Y claro está, en política interna pierde mucho como consecuencia de la falta o erosión de los Derechos Humanos en el caso tibetano o uigur, al igual que con el hongkonés; y en política externa, como decíamos, a causa de su creciente poder naval y las referidas tensiones territoriales con sus vecinos.

Respecto a esto último —los conflictos territoriales—, la República Popular de China se está esforzando considerablemente en paliarlo por medio de, entre otras cosas, la organización del llamado Foro de Xiangshan sobre seguridad en Asia-Pacífico. Así, en su VI reunión celebrada en Pekín en octubre de 2015, se debatió básicamente sobre los conflictos en el mar de China[113]. Este foro es un óptimo «altavoz» para poder explicar las pretensiones chinas y cooperar con otros dirigentes y expertos asiáticos para reducir e impedir el temor que supone el ascenso del poder chino.

Aun así, todavía se da la carencia de una acertada complementariedad entre su poder blando y duro. Y es que combinar ambos poderes no es tarea fácil. Pero es imprescindible debido a que *el poder duro y el poder blando están relacionados y pueden reforzarse entre sí* (Nye, 2003:31). En esta línea, en los últimos años ha florecido el concepto *smart power* o «poder inteligente» que engloba a ambos en aras de desarrollar esta sinergia. No obstante, si China no ha tenido todo el éxito que desearía es debido a que otras naciones también aplican sus respectivos poderes blandos, como los casos de Japón y Estados Unidos.

Japón con la iniciativa del METI[114] *«The Cool Japan Promotion Strategy Programme»*, acorde y dentro del *Japan Cool*[115], que lidera la Oficina de Promoción de Industrias Creativas creada en 2010, promociona: cine, moda, videojuegos,

---

[113]   CCTV Español (2015). «Concluye en Beijing VI Foro de Xiangshan sobre seguridad en Asia-Pacífico» [en línea]. *CCTV*, 19 de octubre de 2015. URL:< http://espanol.cntv.cn/2015/10/19/VIDE1445214124002589.shtml > [Consulta: 31 de mayo de 2023].

[114]   *Ministry of Economy, Trade and Industry*. Ministerio de Japón.

[115]   Concepto acuñado por el periodista estadounidense Douglas McGray en 2002, como instrumento para promover la cultura japonesa al exterior.

manga (el cómic japonés), anime (dibujos animados), música, cocina, arte, etc. (es decir, las llamadas industrias creativas), junto con el idioma japonés. El mayor escaparate de tales manifestaciones culturales en el exterior es la Fundación Japón[116], inaugurada en 1972 con el fin de proyectar una imagen de un país no sólo preocupado por el crecimiento económico, sino también por la *comprensión internacional mutua y la construcción de la paz en la comunidad internacional* (Espinosa Méndez, 2012:40). Este organismo cuanta con veintidós oficinas en el exterior. Está muy alejado, sin embargo, de la magnitud del Instituto Confucio, que ya en una década de existencia (2014), contaba con 475 sedes repartidas en 126 países. Se trata de un crecimiento vertiginoso gracias a la atracción del idioma chino y las posibilidades económicas que ofrece el mundo sínico.

De todas formas, la Fundación Japón, a pesar de contar con menos presencia, logra mantener y extender la cultura popular japonesa en el exterior, rivalizando con la china, gracias al METI y a la iniciativa privada del manga y el anime. Así Japón disfruta de un gran poder blando (si le sumamos el peso económico que ya ostenta), que podría reducir el temor de sus vecinos ante una remilitarización nipona en aras de ser un «país normal».

Por lo que atañe a Estados Unidos, si bien apenas invierte en ello, tampoco le hace mucha falta, pues tiene mucho éxito gracias a la buena venta de su historia liberal y democrática, como también al gran peso de la iniciativa privada en sus industrias creativas (cine, música, etc.). Además, como señala Joseph Nye en el programa de TV *Ted Talk*[117]:

> Vale la pena recordar que Asia no es una sola cosa. Si uno está en Japón, o en Nueva Delhi, o en Hanoi, el punto de vista del ascenso de China es un poco diferente que si uno está en Pekín. De hecho, una de las ventajas que tendrán los estadounidenses en términos de poder de Asia es que todos esos países querrán una política de seguridad de Estados Unidos contra el crecimiento de China (Nye, 2010).

Suscribiendo las palabras de Joseph Nye, esa es la razón por la que Japón y los países de la ASEAN están estrechando lazos con EE.UU., en detrimento de

---

[116] La Fundación Japón es una institución japonesa creada en 1972 por el parlamento japonés (Dieta), destinada a promover la cultura nipona por medio de conferencias o cursos de idioma japonés (además de becas u otros proyectos de promoción de los Estudios Japoneses). En 2003 quedó sujeta al Ministerio de Asuntos Exteriores de Japón, con el fin de extender el poder blando del país, especialmente desde la llegada al poder del primer ministro Shinzo Abe.

[117] Nye, Joseph. *Sobre los cambios del poder mundial*. Oxford: en el programa de Televisión *Ted Talk: ideas worth spreading*. 2010.

China. Al mismo tiempo que el motivo por el que, en un principio, el imperialismo japonés cosechó un gran apoyo de los pueblos asiáticos (léase por los abusos de las potencias occidentales sobre ellos; pero con el tiempo, como consecuencia de sus propios abusos, perderán tales bazas).

De esta forma, en los próximos años asistiremos a la lucha entre los diversos poderes blandos de la región para congraciarse con el mayor número de los países que la componen, utilizando para ello cualquier medio, incluida la propia historia (el llamado «Problema de la Historia»[118]).

Ciertamente, el poder blando se está convirtiendo en una pieza clave para acompañar la política del poder duro de cara a mitigar los recelos que se puedan provocar. De este modo, observamos que China, a pesar del fuerte incremento de su poder naval e incluso de sus demostraciones de fuerza (maniobras militares, declaración de la ADIZ sobre espacio aéreo coreano y nipón), continúa aumentando su atractivo a ojos de la comunidad internacional. Así lo refleja el gran éxito que ha supuesto el Banco Asiático de Inversión en Infraestructura o la llamada Nueva Ruta de la Seda del siglo XXI (Baños, 2019:82). Dichas iniciativas vienen a reducir los recelos sobre su ascenso político-económico al beneficiar y hacer partícipes a sus vecinos de tal auge. Es una idea que, como decíamos, el Gobierno chino desea proyectar. No obstante, la Casa Blanca no ve del mismo modo tales planes, y entiende que es una herramienta para limar o erosionar el actual orden internacional de acuerdo con las premisas por las que deben confeccionarse las relaciones exteriores a ojos chinos.

En este sentido, la creación del *Yuan digital*[119] tiene ese mismo propósito de erosionar el orden establecido, al intentar que dicha criptomoneda sustituya el dólar como moneda de referencia en la economía internacional, con lo que ello implica en la gobernanza global. De ahí que no nos extrañe la prohibición del uso de criptomonedas en China, en septiembre de 2021, para realizar cualquier tipo de operación, pues pretende dejar vía libre a la expansión de su propia divisa nacional, en este caso digital, y lo que ello puede acarrear para el control de las personas y mercancías debido a las prebendas que aporta la tecnología *blockchain* por la que se rige dicha moneda digital.

---

[118] Conflicto entre China y Corea del Sur con Japón, respecto al reconocimiento histórico y la idónea narración en los libros de texto japoneses sobre las atrocidades perpetradas por el Ejército Imperial Japonés durante la Segunda Guerra Mundial (Hagström, 2009:229).

[119] Se trata de la divisa digital, a instancias de un Estado, más avanzada. Ha sido probada de manera piloto en las dos grandes ciudades comerciales de China: Shanghai y Shenzhen. En este sentido, y debido a que está teniendo un considerable éxito, Pekín no tardará en implementarla a gran escala. De esta manera, lleva al menos dos años de ventaja a sus posibles competidores comerciales (UE y EE.UU.), que justo ahora están iniciando su desarrollo.

7.5. La Nueva Ruta de la Seda

En el presente apartado vamos a realizar un breve inciso sobre una de las grandes políticas que está desarrollando el gigante asiático de cara al exterior y con fines evidentes de extender su influencia y su poder blando en la arquitectura y orden internacional. Esta es la llamada Nueva Ruta de la Seda, conocida oficialmente como «Un cinturón, una ruta» (一带一路, *yidai yilu* en chino).

7.5.1. ¿Qué es la Nueva Ruta de la Seda?

Adentrándonos en la citada Nueva Ruta de la Seda auspiciada por Xi Jinping, conviene comentar que el historiador Peter Frankopan, autor de la monografía de referencia *Las Nuevas Rutas de la Seda: Presente y futuro del mundo* (2019), subraya que el término «las rutas de la seda» apareció a finales del siglo XIX de la mano del geógrafo alemán Ferdinand von Richthofen para describir las rutas comerciales que conectaban Europa con la China de la dinastía Han. En ese sentido, para el mencionado autor el término resulta vago dado que se circunscribe al intercambio de bienes de lujo, cuando dicha ruta significó mucho más que un lazo comercial. No en vano, también conectaba culturas, ofreciendo un espacio de intercambio de ideas, cosmovisiones e invenciones a los distintos pueblos por los que transcurría y alcanzaba esta red de sapiencia universal. En resumidas cuentas, y en términos antropológicos, Frankopan habla del difusionismo cultural que estas rutas ofrecían y ofrecen al mundo. En palabras del propio autor:

> La expresión 'rutas de la seda' sirve para describir las formas en que se entretejieron pueblos, culturas y continentes, y al hacerlo nos ayuda a comprender mejor el modo en que en el pasado se propagaron las religiones y los idiomas y a mostrar cómo en esta parte del mundo distintas ideas acerca de la comida, la moda y el arte se difundieron, compitieron entre sí y se influenciaron las unas a las otras. Las rutas de la seda ayudan a aclarar el lugar central que ocupan el control de los recursos y el comercio a larga distancia, y por lo tanto explican los contextos de las expediciones que contribuyeron a moldear el surgimiento de los imperios y los motivos que las animaban a cruzar desiertos y océanos. Las rutas de la seda muestran cómo se estimuló la innovación tecnológica a lo largo de miles de kilómetros y cómo la destrucción de la violencia y las enfermedades a menudo siguió las mismas pautas. Al enseñarnos a ver los ritmos de la historia, las rutas de la seda nos permiten entender que el pasado no es una serie de períodos y regiones aislados y con límites definidos sino que, en realidad, el mundo ha estado conectado durante milenios en un pasado global, más amplio e inclusivo [...] «Además de todo lo ya señalado, las rutas de la seda sirvieron como 'corredores genéticos' tanto para los seres humanos como para la flora y la fauna (Frankopan, 2019:10-13).

Para Frankopan estas rutas de la seda «*conforman el sistema nervioso central del mundo*» (Frankopan, 2019:11). Tanto es así, que afirma que serán en las capitales asiáticas donde se dé forma al orden internacional del siglo XXI en detrimento de las capitales europeas, como pasaba hace cien años. Y es que todo parece indicar que, tras 250 años, Asia regresará a su posición primigenia tras ser relegada por el advenimiento occidental a instancias de la Revolución Industrial iniciada en Europa a mediados del siglo XVIII.

En esta línea, al igual que antaño, esta ruta pretende ser una difusión del modelo chino y vender «lo chino», de cara a establecer un nuevo orden internacional con características chinas (Baños, 2019:80). Este proyecto se ha erigido en el pilar fundamental de la política exterior y económica de Xi Jinping (Frankopan, 2019:21). Tanto es así que, desde su anuncio en 2013, ya se ha invertido un billón de dólares, esencialmente en préstamos, para efectuar tal red de comunicaciones en sus variantes tanto terrestres como marítimas.

En este sentido, cabe destacar que todo esto comenzó el 6 de septiembre de 2013 cuando Xi Jinping, en Astaná (capital de Kazajistán), pronunció un discurso titulado «Promover la amistad entre los pueblos y crear un futuro mejor». En dicho alegato subrayó que la política exterior china tenía como prioridad afianzar unas buenas relaciones con sus vecinos. De este modo el presidente chino señalaba:

> Durante milenios, los pueblos de los distintos países de la antigua ruta de la seda han escrito conjuntamente un capítulo de amistad que llega hasta este mismo día.» […] «diferentes razas, creencias y orígenes culturales son en todo sentido capaces de compartir la paz y el desarrollo (Frankopan, 2019:89).

Como observamos, Xi ponía en valor dicha ruta, hasta ahora olvidada, para implementar su política exterior y, más concretamente, su poder blando. Para ello, reivindicaba la necesidad de invertir en transportes, construir carreteras, puertos, etc., con el fin de establecer las citadas rutas de la seda (Frankopan, 2019:90).

Cabe advertir que Estados Unidos pretendía hacer lo propio varios años antes, como demuestra el discurso de la entonces secretaria de Estado Hillary Clinton en 2011, donde pedía establecer no una, sino muchas rutas de la seda para desarrollar la región. Sin embargo, las palabras se las llevó el viento y vinieron más bien a espolear las pretensiones chinas por miedo a perder la influencia política en Asia Central a favor de Washington[120].

---

[120] Sin embargo, en junio de 2021, durante la cumbre del G7 en Cornualles (Gran Bretaña), parece que EE.UU. y sus aliados quieren dar respuesta a la Nueva Ruta de la Seda

Fig. 15. Xi Jinping, presidente de China.
Fuente: Servicio de Prensa del presidente de la Federación rusa.

Y es que, en el caso chino, el presidente Xi refrendaba tales deseos con la propuesta de grandes inversiones para llevar a efecto lo que denominó «Un cinturón, una ruta» (posteriormente rebautizada como «Iniciativa del cinturón y la ruta de la seda» con las primeras inversiones de las empresas chinas a instancias de Pekín). Un cinturón respecto al lazo que se haría entre los distintos países por vía terrestre, y una ruta de carácter marítima que pretendía unir el océano Índico con los mares Rojo y Mediterráneo (Frankopan, 2019:91). Aun así, la ruta marítima se estableció para no poner límites geográficos e incluir a África oriental y al Sudeste Asiático y, por tanto, actualmente hay ochenta países que se han adherido a tal proyecto, incluyendo a países de Europa oriental e incluso del Caribe. Como

---

planteada por China a través de la denominada Build Back Better World (B3W). No obstante, es algo embrionario y veremos si es otra declaración sin fundamento más; o bien tiene un trasfondo mayor al aunar las fuerzas de las principales economías occidentales y Japón. No en vano, como señala el internacionalista Chen Weng en una entrevista al medio de comunicación *Sputnik*: «*se sienten amenazados —porque ha aparecido un actor muy importante, muy potente, que puede incluso rivalizar con ellos— al proponer un proyecto tan grande como el BRI chino, pues al final tienen esa capacidad, y no solo China*» (Sputnik, 2021).

dato, subrayar que entre China y el Mediterráneo oriental residen el 69% de la población mundial y un 29% de la producción global.

7.5.2. Fines e implementación de la Nueva Ruta de la Seda

Igualmente, lo verdaderamente importante para Xi es el hecho de que se crea un clima de colaboración entre la comunidad internacional, donde China demuestra que puede ejercer un liderazgo responsable a diferencia de algunas potencias desarrolladas más orientadas al aislacionismo como los EE.UU. de Trump[121]. Y que Biden[122], si bien ya no lo cultiva, tampoco se caracteriza por consensuar sus decisiones con sus aliados, especialmente europeos, como demuestra su apresurada salida de Afganistán, en agosto de 2021; o su alianza militar con Australia y Reino Unido, conocida como AUKUS en septiembre de 2021.

Pekín, como comentábamos anteriormente, está realizando multitud de inversiones. Así, en el Sudeste Asiático las inversiones están destinadas a la construcción de puertos de aguas profundas, autopistas, puentes, centrales eléctricas en Sri Lanka, Bangladés, Camboya y Myanmar. Asimismo, también hay grandes proyectos en marcha en Filipinas, Indonesia, Vietnam y Tailandia.

En resumen, y siguiendo a Frankopan, las mencionadas rutas poseen tres objetivos para los intereses chinos: 1) planificar y asegurar las necesidades de suministro energético chino; 2) la transformación de la industria china hacia la facturación de productos de alta calidad; 3) y, por último, la penetración de las empresas chinas en otros países para incrementar sus expectativas de crecimiento en el futuro (Frankopan, 2019: 97-102).

En este sentido, en cuanto a asegurar su suministro energético, la Nueva Ruta Marítima de la Seda tiene un papel capital para la seguridad de China. Es más, puede servir para apuntalar su frontera y, sobre todo, aumentar su poder marítimo. Tanto es así, que algunos historiadores ven con recelo el proyecto al ser, en su gran mayoría, préstamos que sujetan a tales países a los intereses chinos. Por no

---

[121]   Donald Trump (1946-), empresario e inversor de una gran fortuna que le permitió financiarse la campaña presidencial de 2016 frente a la candidata demócrata Hillary Clinton. Se alzará con la presidencia de los Estados Unidos en el período 2017-2021, bajo la batuta del Partido Republicano, destacando por su política *American First* o «América Primero» que, en entre otras cosas, le llevó a una considerable guerra comercial con China.

[122]   Joe Biden (1942-) es el actual presidente de EE.UU. desde 2021, perteneciente al Partido Demócrata posee una política exterior diametralmente opuesta a la ejecutada por su antecesor Donald Trump. Es decir, su política exterior dista mucho de ser aislacionista como la del líder republicano.

hablar de los analistas o dirigentes militares, entre ellos el exsecretario de Defensa estadounidense James Mattis (2017-2018), que ven a dicha ruta como un nuevo sistema tributario aludiendo veladamente a cómo entendían las relaciones internacionales la dinastía Ming. Es más, el propio dirigente estadounidense, añadía textualmente que Pekín tiene *«planes a largo plazo para reescribir el actual orden mundial»*. Y es que la ruta de la seda va encaminada a aumentar la influencia de Pekín en el orden internacional (Frankopan, 2019:143-149).

De esta forma, esta Nueva Ruta de la Seda casa perfectamente con la estrategia de seguridad que plantea Pekín para proyectar su poder marítimo y alejar de sus costas a EE.UU. de acuerdo a los planes referentes al «Collar de Perlas» o las «Cadenas de islas» (ver fig. 13).

7.5.3. ¿Estrategia para controlar el mar de China o sólo una alternativa a la ruta marítima contralada por Estados Unidos?

Las estrategias chinas resaltan la rivalidad entre China y Estados Unidos. Aún más tras la guerra comercial emprendida por la entonces administración Trump. Las élites políticas y militares estadounidenses, incluyendo a Henry Kissinger, vieron y ven en China un peligro para el orden internacional y los intereses y valores estadounidenses (Kissinger, 2012). Por estas razones, dichas élites denuncian la ausencia de medidas norteamericanas para contrarrestar y competir con las rutas de la seda chinas. Y es que el aumento de la presencia china en África y Asia Central, a partir de esas rutas, ya se ha visto consolidado en el Sudeste Asiático o en el mar de la China Meridional con fatales consecuencias para la presencia e intereses estadounidenses:

> Arrancar tarde también significa tener que lidiar con hechos consumados, que son difíciles, si no imposibles, de revertir. No haber impedido en su momento la expansión de China en el mar de la China Meridional, concluyó Michael Collins, subdirector adjunto del Centro de Misión de Asia Oriental de la CIA, hace que Estados Unidos se enfrente hoy allí a una 'Crimea de Oriente', en referencia a la anexión de la península del mar Negro por parte de Rusia en 2014. Es más difícil detener un barco que ya ha zarpado (Frankopan, 2019:183).

Obviamente, y como veíamos anteriormente, Washington pretende contrarrestar esta enorme y creciente influencia china con la búsqueda de aliados en la región y, más concretamente, con la India (Yamaguchi, 2020). Sin embargo, a pesar de los esfuerzos norteamericanos por canjearse su favor de cara a una hipotética alianza militar, los resultados son escasos debido a que Delhi, desde hace décadas, tiene como gran socio en materia de seguridad a Moscú. Además, a priori, no desea situarse como un claro rival de China en la región, por lo que el Gobierno indio suele ensalzar los lazos con Pekín en aras de una prosperidad compartida[123] (Frankopan, 2019:188-190).

Por otra parte, subrayar que se están tejiendo o articulando las alianzas del futuro gracias a las rutas de la seda y, en especial, a la mala praxis de la diplomacia estadounidense para mantener sus alianzas históricas o profundizar en otras. En este sentido, destaca cómo Pekín aprovecha los vacíos que deja Washington tras las sanciones o quejas que esta última impone a Turquía, Pakistán u otros países. Es decir, mientras EE.UU. ofrece palos, China da zanahorias y asienta aún más su posición hegemónica en la región (Frankopan, 2019:231). No en vano, esos aliados tradicionales estadounidenses no están siendo sustituidos por otros, aunque Washington se esfuerce en reforzar su relación con la India (Heydarian, 2020). Sin contar la política arancelaria o guerra comercial que ha afectado a aliados y extraños por igual:

> En un momento en que Estados Unidos podría y debería estar haciendo todo lo posible por resaltar el papel positivo que ha desempeñado en la seguridad y el comercio mundiales, por forjar amistades y alianzas y por ofrecer una visión de futuro esperanzadora e inclusiva basada en la colaboración, el país ha optado por dar la espalda a su propia historia. Los aranceles no son un castigo reservado a competidores o rivales: la medida afecta también, y aún más si cabe, a viejos amigos y aliados (Frankopan, 2019:233).

Y si esto no fuera poco, Pekín y Moscú han fraguado en los últimos años una estrecha relación, ejemplificada en la Organización de Cooperación de Shanghái (OCS), también entre sus mandatarios (Xi Jinping y Vladimir Putin), que resulta nefasta para los intereses estadounidenses. Tanto es así que ya parece imposible que EE.UU. pueda atraer a Rusia frente a China, tal y como deseaba Henry Kissinger (Frankopan, 2019:231-236).

En este sentido, Washington es más consciente de que debe contrarrestar, en todos sus ámbitos (también el tecnológico), el ascenso chino que pone en peligro los intereses estadounidenses (Baños, 2018). Máxime cuando en 2018 la Asamblea Popular Nacional de China añadió *«el pensamiento de Xi Jinping»*, un manifiesto de catorce puntos, a la Constitución china, en donde se establecía claramente la creación de una comunidad internacional con un futuro compartido sustentado en la colaboración (Gil, 2017).

---

[123] Igualmente, Washington no se lo pone fácil a Delhi, ya que arremete fuertemente contra Irán, en especial con sanciones económicas a las empresas que operan en el país, cuando Teherán abastece la tercera parte de los suministros energéticos que precisa la India (Frankopan, 2019:195).

No obstante, en este punto, el historiador Frankopan se pregunta qué ocurre con los países que no desean un futuro compartido o desean avanzar y desarrollarse por otra vía (Frankopan, 2019:274). Lo cierto es que Pekín poco margen va a dejar a sus vecinos u otros países para que escojan otra vía, pues su economía manda y es un filón (también una verdadera espada de Damocles) para el resto de países, como demuestra la adhesión de casi todos, incluido el Reino Unido, el tradicional aliado estadounidense (Baños, 2019), al Banco Asiático de Inversión en Infraestructura.

7.5.4. Conclusiones de la Nueva Ruta de la Seda

En gran medida la Nueva Ruta de la Seda marca las claves del siglo XXI al propiciar poco a poco un mundo donde China tendrá la voz cantante debido a su inequívoca apuesta hegemónica por el continente asiático con estas citadas y estratégicas vías de «comunicación». Así lo señala Frankopan:

> Las rutas de la seda se encuentran en el corazón de esa instantánea; de hecho, ocupan un lugar tan central que es imposible comprender lo que hoy ocurre o pensar en lo que el mañana nos depara sin tener en cuenta la región que se extiende entre el Mediterráneo oriental y el Pacífico (Frankopan, 2019:233).

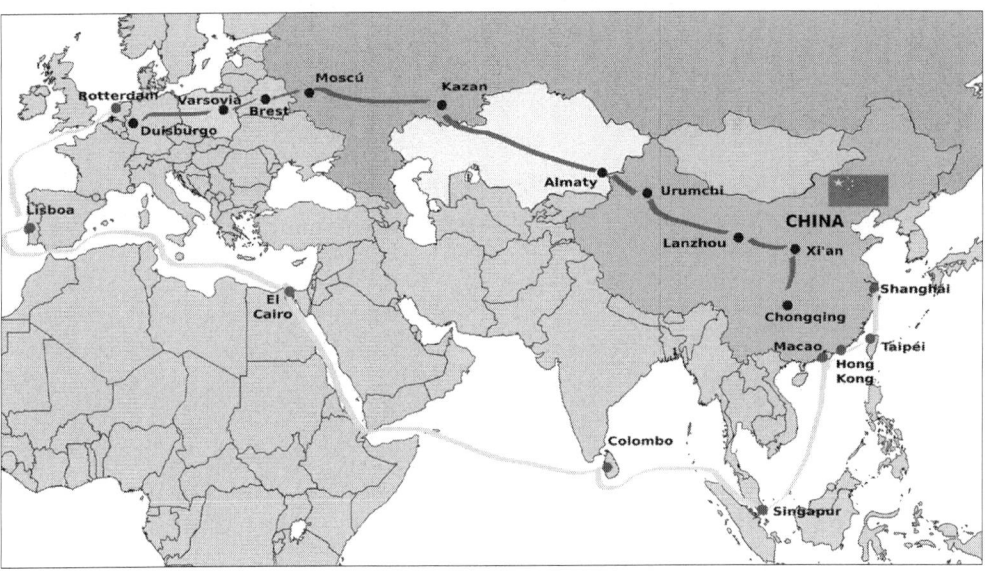

Fig. 16. Recorrido de la Nueva Ruta de la Seda, tanto en su vertiente marítima como terrestre. 16 días se tarda en recorrer la vía terrestre por tren, y 36 días la travesía marítima.
Fuente: Elaboración propia en base a la web de la empresa Youxinou Logistics.

En definitiva, Pekín tiene muy claro dónde debe invertir para canjearse una posición más preponderante y segura en el tablero internacional. Y, claramente, tal posición marcará su devenir como permitirá vislumbrar los entresijos del nuevo orden mundial. Desde luego, Washington es consciente de ello, y tras el *impase* que ha supuesto la administración Trump, Biden está jugando duro para no facilitar la proyección del poder marítimo chino (además de en otros escenarios internacionales), ya sea con las islas en disputa o con la señalada ruta con relación al estratégico mar de China.

8
CONCLUSIONES GENERALES DEL MAR DE CHINA

A lo largo de la presente monografía hemos visto el impacto que tiene el dominio del mar de China en el devenir de una nación. En los estudios de caso de Japón y China, se traduce que dichos países pretenden lograr una seguridad frente al resto de potencias, ya sean asiáticas o foráneas, como beneficiarse de las bondades económicas que sus aguas pueden aportar. No en vano, entienden que estos elementos podrían aupar a una nación hacia el liderazgo regional.

En este sentido, también hemos observado que para dominar el mar de China resulta imprescindible dotarse de una gran armada. Tal idea queda claramente refrendada en el dominio del Imperio británico y, actualmente, de EE.UU., como también en el envite o desafío para ese «dominio» del crecimiento del poder naval de otro actor (léase del imperialismo japonés en su día y, en el presente, con el incipiente poder marítimo chino).

Por otra parte, como expresamos al inicio del presente trabajo, nuestro propósito era intentar dar respuesta a dos preguntas:

La primera pregunta que nos propusimos responder, *«el control del mar de China facilita el desarrollo y posición de una gran potencia»,* nos ha llevado a asumir que el mar de China es una pieza de gran relevancia para el comercio y, por consiguiente, para la seguridad de los países ribereños. Por ello la pugna por su control o, cuando menos, el evitar que dichas aguas estén bajo el dominio de un actor que no garantice la libre circulación y la seguridad en la región. No en vano, la historia y la geografía nos enseñan que el dominio del mar de China, o el mero hecho de poder negarle tal dominio a otra potencia (por no hablar del impedimento del acceso a tales aguas a través de las ZEE), conlleva que las jerarquías dentro del sistema regional se tambaleen, así como se erosionan en última instancia las del sistema global.

De esta manera, el control del mar de China puede alzar a un país al liderazgo regional o a la categoría de gran potencia. Como también puede facilitar su desarrollo, al no poner trabas o cortapisas a éste, ya que quien domina dicho mar controla las rutas comerciales de abastecimiento y suministro, tanto suyas como la de los países ribereños y, por ende, la estabilidad de sus respectivas economías (más allá de poder explotar sus recursos de hidrocarburos y pesqueros como en la actualidad). Y es que el mar de China se erige en el nexo de unión entre los países de la región, al igual que de éstos con el resto del mundo, especialmente, con sus fuentes energéticas de África y Oriente Medio, además de sus consumidores de Europa. Así, de acuerdo a la pregunta planteada, ciertamente el control del mar de China facilita la posición de una nación debido a su valor geopolítico.

Por otra parte, respecto a la segunda pregunta: *«cabe la posibilidad de que China esté realizando un desarrollo de su poder marítimo en el mar de China, como en su día lo hizo Japón»,* pensamos que la ampliación de la armada china y la construcción de puertos en las islas en disputa (como también la creación de islas artificiales), muestran el deseo de China de desarrollar y extender su poder marítimo. No obstante, el método no es exactamente el mismo, pues mientras Japón básicamente se sustentaba en el poder duro para acometer tal objetivo, basado sustancialmente en la armada y en la conquista de territorios, China, obviamente, aboga en mayor medida por el poder blando, al atraer a los países asiáticos a sus intereses gracias a su formidable economía (dispone de puertos en naciones asiáticas a cambio de inversiones, expansión del Instituto Confucio, etc.), y teniendo como fin último, más allá del uso de su armada, emplear el Derecho del Mar para asegurar su poder marítimo a través de la adquisición de las distintas islas en disputa.

Se trata de diferencias, entre Pekín y Tokio, que se deben al dispar contexto internacional que es mucho más propicio para China del que lo fue para Japón. No sólo por poseer un sistema estable gracias a su piramidal jerarquización en cuya cúspide está EE.UU., sino también por la Globalización y la importancia que han adquirido las industrias creativas para la formación de un discurso favorable a la imagen de China. Dicho discurso va más allá del que podría realizar en su día el Japón imperialista, sustentado en suma en sus grandes victorias y al panasianismo, pues en nuestros días los mecanismos de creación de opinión sobrepasan exorbitantemente el ámbito nacional (*Internet*, etc.). De este modo, existen posibilidades de proyección internacional tan óptimas como las del poder duro.

Igualmente, el fin de la creación de una gran armada también las diferencia. Si bien comparten el poseer un gran poder naval, cabe decir que el Japón imperialista buscaba el expansionismo territorial (crear un imperio colonial), mientras en el caso chino va más bien en aumentar su poder marítimo en detrimento del estadounidense para evitar un eventual bloqueo comercial.

Por esto último, China no descarta en absoluto desarrollar el poder duro y, en ese sentido, claramente está siguiendo la estela del Japón imperialista en cuanto a dotarse de un gran poderío naval. Pero es una herramienta más. Por lo que entendemos, en relación a la hipótesis planteada, que si bien el poder naval pretendido por la China actual sigue el camino del poder naval japonés (léase extender sus respectivas armadas a lo largo del mar de China y sus aguas adyacentes), pensamos que no es así en cuanto al poder marítimo en su conjunto. Pues, como decíamos, China, más allá de la baza del poder naval, utiliza otros instrumentos para extender ese poder marítimo como el Derecho del Mar o su propio poder económico, y no las colonias. Son herramientas chinas acorde a las reglas del sistema internacional del que el Japón Meiji careció, entre otras cosas, por ser un actor más del convulso sistema multipolar de antaño.

En esta línea, dado el período colonialista, el Japón imperialista, como metrópoli, pretendía ser el nudo neurálgico de la economía regional a partir de la fuerza que le confería su armada para crear un imperio colonial. Mientras que Pekín busca la interdependencia de sus vecinos asiáticos hacia la economía china por medio de la diplomacia y los negocios, ya que se presenta como socia y como un actor responsable en la región a pesar de los distintos conflictos marítimos que las separan. En pocas palabras, la vía para convertirse en el líder regional no se sustenta exclusivamente en el poder naval, máxime porque goza de otros instrumentos para amplificar su presencia en los países ribereños del mar de China.

Sea como fuere, independientemente de la manera de dominar o asegurar el mar de China, tanto chinos como japoneses saben que, en palabras de Temístocles[124], *«quien domina el mar, domina todas las costas»*. Este fue el fin pretendido por el Japón imperialista que finalmente EE.UU. impidió, y que ahora China parece anhelar, e igualmente Washington puede volver a truncar, con la ayuda de sus aliados regionales de ayer y hoy. Curiosamente, las alianzas durante la Segunda Guerra Mundial fueron en contra del poder naval de Japón, cuando en la actualidad estamos ante una eventual conflagración junto a los japoneses, entre otros socios, frente a un incipiente poder naval chino. Todo ello muestra la necesidad

---

[124] Temístocles (525-460 a. C.), general y político de Atenas, pondrá las bases de la importancia de tener una flota de barcos para la seguridad y preponderancia ateniense. Sus tesis y sus dotes de mando permitirán a los griegos vencer a los persas durante las Guerras Médicas.

de todos los actores del mar de China, especialmente los países ribereños, de mantener la libertad de paso en sus aguas, así como una jerarquía regional que garantice la seguridad. Y es que en dicho mar se juegan gran parte de su porvenir e intereses.

Finalmente, y de cara a un posible futuro estudio, cabe señalar que, a diferencia de antaño, el uso de la fuerza militar es una herramienta más, habiendo en la actualidad varios mecanismos para ejercer el poder o «forzar» a un país hacia sus intereses en pro de la estabilidad u otros menesteres. Algo que podría hacer, y parece que hace, China con respecto a los países ribereños del mar de China; y, sobre todo, lo que intenta Washington con respecto a Pekín, gracias a los distintos poderes de los que goza (económico, cultural, etc.).

Ante estas dos maneras de implementar sus políticas regionales, con la idea de alcanzar y apuntalar su hegemonía, se precisa de instrumentos que reduzcan las diferencias y los recelos que se dan entre los dos grandes países llamados a liderar la región, y, cómo no, a controlar el mar de China. No en vano, se corre el riesgo de llegar a un conflicto armado como consecuencia de su «vecindad» y la previsible militarización de los alrededores de las islas del mar de China en su conjunto, que pueden desembocar en un fatal «choque» entre las distintas armadas. Por esta razón, la necesidad de construir una organización de seguridad regional que impida o merme tales posibles desencuentros.

Y es que, aunque parezca impensable un conflicto armado debido a la creciente interdependencia económica, eso no quiere decir que no pueda llegar a ser algún día un *casus belli* debido a los recelos que se sustentan la una y la otra. Por lo que no hay que bajar la guardia y afrontar tales disputas en su justa medida.

9
BIBLIOGRAFÍA

ABAD, Gracia (2011). «Las nuevas líneas fundamentales del Programa de Defensa Nacional de Japón y las relaciones sino-japonesas». En *Real Instituto Elcano* (ARI), N.º 21, 2011.

ABE, Shinzo (2006). *Utsukushii kuni e.* Chiyoda (Tokio): Bungeishunju (edición japonesa); (2007). *Towards a Beautiful Country: My Vision For Japan.* Nueva York: Vertical (edición inglesa).

AGENCIA EFE (2021). «La economía china avanzará un 8,4% en 2021 y un 5,6% en 2022, según el FMI». [en línea]. *El Diario.es*, 6 de abril de 2021. URL:<https://www.eldiario.es/economia/economia-china-avanzara-8-4-2021-5-6-2022-fmi_1_7380995.html > [Consulta: 12 de agosto de 2023].

ARTEAGA, Félix (2009). «El rol de Japón en la seguridad de Asia Oriental». En *Anuario Asia-Pacífico*, 2009, pp. 153-162

BAILEY, Paul J. (2002). *China en el siglo XX.* Barcelona: Ariel.

BAÑOS, Pedro (2018). *Así se demonina el mundo: Desvelando las claves del poder mundial.* Barcelona: Ariel.

— (2019). *El dominio mundial: Elementos de poder y claves geopolíticas.* Barcelona: Ariel.

BARBE, Esther (2008). *Relaciones internacionales.* Madrid: Tecnos.

BBC MUNDO (2015). «Cómo se ven desde el espacio las islas artificiales que China construye en un territorio en disputa». [en línea]. En *BBC Mundo*, 9 de abril de 2015. URL:<http://www.bbc.co.uk/mundo/noticias/2015/04/150409_china_contruccion_islas_mar_meriodional_ng > [Consulta: 10 de mayo de 2023].

BEASLEY, W.G. (1995). *Historia contemporánea de Japón.* Madrid: Alianza Editorial.

BELTRÁN, Joaquín (ed.) (2017). *Viaje al centro: El XIX Congreso del Partido Comunista Chino.* Barcelona: Edicions Bellaterra (Colección Biblioteca de China contemporánea).

BOUCHAT, Clarence J. (2013). *Dangerous Ground: The Spartly Island and U.S. Interests and Approaches.* Carlisle (Pensilvania): United States Army War College Press (Strategic Studies Institute, SSI).

BRZEZINSKI, Zbigniew (1998). *El gran tablero mundial.* Barcelona: Paidós.

BUCKLEY EBREY, Patricia (2009). *Historia de China.* Madrid: La esfera de los libros.

BUCKLEY, Roger (1985). *Japan Today.* Cambridge: Cambridge University Press.

BUENO, Rafael (2005). «China y los focos de tensión regional». En *Política exterior de China: la diplomacia de una potencia emergente*, Xulío Ríos (ed.). Barcelona: Edicions Bellaterra (Colección Biblioteca de China contemporánea).

CARRASCO, Roberto (2007). «Geopolítica y Geoconomía en el Mar de China». En *DERI Working Papers* (Doctorado de Economía y Relaciones Internacionales), enero de 2007.

CCTV ESPAÑOL (2015). «Concluye en Beijing VI Foro de Xiangshan sobre seguridad en Asia-Pacífico». [en línea]. *CCTV*, 19 de octubre de 2015. URL:<http://espanol.cntv.cn/2015/10/19/VIDE1445214124002589.shtml> [Consulta: 31 de mayo de 2023].

CHENG, Joseph Y.S. (1985). «China's Japan Policy in the 1980s». En *International Affairs*, Vol. 61, N.º 1, invierno de 1984-1985, pp.91-107.

CHOONG, William (2014). *The Ties that divide: History, honour and territory in sino-japanese relations*. Nueva York: Routledge.

CHRISTENSEN, Thomas J. (1999a). «China, the U.S.-Japan Alliance, and the Security Dilemma in East Asia». En *International Security*, Vol. 23, N.º 4, primavera de 1999, pp. 49-80.

— (1999b). «Pride, Pressure, and Politics: The Roots of China's Worldview»». En *In the Eyes of the Dragon: China Views the World*, Yong Deng y Fei-Ling Wang. Oxford: Littlefield Publishers.

COLLCUTT, M.; JANSEN, M; KUMAKURA, I. (1992). *Japón: el Imperio del Sol Naciente (vol.2)*. En *Atlas culturales del mundo*. Madrid: Folio/Ediciones del Prado.

CORRAL, David (2016). «Mar de China, el Tribunal de La Haya falla contra Pekín». En *Instituto Español de Estudios Estratégicos* (Documento de Opinión), 14 de octubre de 2016.

Cossa, Ralph A. (2006). «La política de Washington en Asia es mejor de lo que suena pero, ¿puede mantenerse?». En *Anuario Asia-Pacífico*, febrero 2006, pp. 81-90.

Coox, A. (1988). «The Pacific War». En *The Cambridge History of Japan. The Twentieth Century* (Vol. 6), P. Duus (coord.). Cambridge: Cambridge University Press.

COUTAU-BÉGARIE, Hervé (1990). *Geoestrategía del Pacífico*. Madrid: Servicio de Publicaciones del E.M.E. (Colección Ediciones Ejército).

DEL ALCÀZAR, J.; TABANERA, N.; SANTACREU, J.M.; MARIMON, A. (2003). *Historia contemporánea de América*. Valencia: Universitat de València.

DELAGE, Fernando (2005). «China y Japón: hacia un nuevo equilibrio». En *Política exterior de China: la diplomacia de una potencia emergente*, Xulio Ríos (ed.). Barcelona: Edicions Bellaterra (Colección Biblioteca de China contemporánea).

— (2014) *La República Popular China y la reconfiguración del orden asiático (1997-2005)* (Tesis doctoral). Madrid: Universidad Complutense de Madrid (Facultad de Ciencias Políticas y Sociología).

— (2015). «La estrategia asiática de Xi Jinping. En *Revista del Instituto Español de Estudios Estratégicos* (IEEE), N.º 5, 2015.

DE LAURENTIS, Ernesto (2002). «Las islas Spratlys y el dominio del mar de la China meridional». En *DERI Working Papers* (Doctorado de Economía y Relaciones Internacionales), N.º 1, 2002.

DÍEZ, Pablo M. (2013). «Japón, el imperio del militarismo renaciente». En *ABC* (edición impresa), 22 de diciembre de 2013, pp.50-51.

DONOSO, Isaac (2013). *Islamic Far East: Ethnogenesis of Philippine Islam*. Quezon City: University of the Philippines Press.

DRIFTE, Reinhard (2009). «Territorial Conflicts in the East China Sea. From Missed Opportunities to Negotiation Stalemate». En *The Asia-Pacific Journal*, Vol. 22-3-09, Junio de 2009.

— (2013). «The Senkaku/Diaoyu islands territorial dispute between Japan and China: Between the materialization of the 'China Threat' and Japan 'reversing the outcome of World War II'?». En *UNISCI Discussión Papers*, N.º 32, Mayo de 2013.

ESPINOSA, Javier (2016). «China frena el gasto militar en plena escalada». [en línea]. *El Mundo*, 5 de marzo de 2016. URL:<http://www.elmundo.es/internacional/2016/03/05/56d9e89 0268e3ebe5a8b4626.html > [Consulta: 12 de junio de 2023].

Espinosa Méndez, Andrés Marcel (2012). *La proyección de imagen a partir de soft power, mediante nation branding y diplomacia pública en el caso de Japón, durante el período 2002-2010.* En *Facultad de Relaciones Internacionales* (Trabajo Fin de Grado). Rosario (Argentina): Universidad Colegio Mayor de Nuestra Señora del Rosario.

Fackler, Martin (2013). «Amid Chinese Rivalry, Japan Seeks More Muscle». [en línea]. *The New York Times*, 17 de diciembre de 2013. URL:<http://www.nytimes.com/2013/12/18/world/asia/japan-moves-to-strengthen-military-amid-rivalry-with-china.html?_r=0> [Consulta: 19 de diciembre de 2022].

Fairbank, J. K. (1990). *Historia de China: siglos XIX y XX.* Madrid: Alianza Editorial.

Fairbank, J. K.; Goldman, M. (1999). *China: A new History.* Cambridge (Massachusetts): The Belknap Press of Harvard University Press.

Franke, H.; Trauzttel, R. (1980). *El Imperio Chino.* Madrid: Siglo XXI Editores.

Frankopan, Peter (2019). *Las Nuevas Rutas de la Seda: Presente y futuro del mundo.* Barcelona: Crítica.

Frèches, José (2006). *Érase una vez China: de la Antigüedad al siglo XXI.* Madrid: Gran Austral.

García, Caterina; Ibáñez, Josep; Pareja, Pablo (2009). *Seguridad y conflictividad en Asia Oriental: la China, el orden regional y los conflictos marítimos.* Barcelona: Oficina de Promoció dels Drets Humans, Departament d'Interior, Relacions Institucionals i Participació Ciutadana, Generalitat de Catalunya.

García Segura, C.; Pareja Alcaraz, P. (2010). «Relacions internacionals a l'Àsia oriental entre el 1945 i el 1989». En *Política internacional a l'Àsia oriental*, Lluc López i Vidal (coord.). Barcelona: Editorial UOC, pp.1-68.

Gernet, Jacques (2005). *El mundo chino.* Barcelona: Crítica.

Gil, Tamara (2017). «Los 14 principios políticos de Xi Jinping para convertir a China en superpotencia y que lo ponen a la altura de Mao Zedong». [en línea]. En *BBC Mundo*, 24 de octubre de 2017. URL:<https://www.bbc.com/mundo/noticias-internacional-41729175> [Consulta: 11 de mayo de 2023].

Gil Pérez, Javier (2011). «Mapa de los conflictos de Asia». En *Investigaciones Geográficas*, N.º 55 (2011), pp. 39-53.

Gómez de Ágreda, Ángel (2011). «Las fuerzas armadas chinas y su acción sobre los Global Commons». En *Instituto Galego de Análise e Documentación Internacional* (IGADI), 30 de marzo de 2011. URL:<http://www.politicachina.org/imxd/noticias/doc/1306074153Las_Fuerzas_Armadas_chinas_y_su_accion_sobre_los_global_commons.pdf> [Consulta en línea 7 de septiembre de 2023].

Gordon, Peter; Morales, Juan José (2017). *The Silver Way: China, Spanish America and the birth of globalization, 1565-1815.* Australia: Penguin Books.

Gualtieri, Thomas (2014). «El sureste asiático empuja su gasto militar». [en línea]. *El País digital*, 27 de marzo de 2014. URL:<http://internacional.elpais.com/internacional/2014/03/21/actualidad/1395429751_718804.html > [Consulta: 21 de mayo de 2023].

Hagström, Linus (2009). «Sino-Japanese relations: The ice that won't melt». En *International Journal.* invierno de 2008-09, pp. 223-240.

— (2012). «'Power Shift' in East Asia? A critical reappraisal of narratives on the Diaoyu/Senkaku Islands Incident in 2010». En *The Chinese Journal of International Politics*, Vol. 5, 2012, pp. 267-297.

Hall, John Whitney (1970). *El Imperio Japonés.* Madrid: Siglo XXI Editores.

Hane, Mikiso (2010). *Breve historia de Japón.* Madrid: Alianza Editorial.

HARO, Francisco J. (2005). «Política exterior china en Asia Central: construcción del institucio-nalismo regional». En *Política exterior de China: la diplomacia de una potencia emergente,* Xulio Ríos (ed.). Barcelona: Edicions Bellaterra (Colección Biblioteca de China contemporánea).

HASTINGS, Max (2007). *Némesis: La derrota del Japón 1944-1945.* Barcelona: Crítica.

HAYTON, Bill (2014). *The South China Sea: The Struggle for Power in Asia.* New Haven (Connecti-cut): Yale University Press.

— (2015). «¿Por qué preocupan tanto las islas que China está construyendo?» [en línea]. En *BBC Mundo,* 5 de mayo de 2015. URL:<http://www.bbc.co.uk/mundo/noticias/2015/05/150503_ islas_mar_china_meridional_disputa_men > [Consulta: 10 de mayo de 2023].

HENSON, María Rosa (1996). *Confort Woman. Slave of Destiny.* Manila: Philippine Center for Investigative Journalism.

HERZ, John (1950). «Idealist Internationalism and the Security Dilemma». En *World Politics,* Vol. 2, N.º 2, primavera 1995, pp. 171-201

HEYDARIAN, Richard Javad (2020). «Quad gains traction as unified anti-China front». [en línea]. *Asia Times,* 6 de octubre de 2020. URL:<https://asiatimes.com/2020/10/quad-gains-traction-as-unified-anti-china-front/> [Consulta: 26 de diciembre de 2020].

HOLCOMBE, Charles (2016). *Una historia de Asia oriental: De los orígenes de la civilización al siglo XXI.* Ciudad de México: Fondo de Cultura Económica.

HOLMES, James R. (2012). «Comparing Chinese Naval Power to the Soviet Navy». [en línea]. *The Diplomat,* 13 de agosto de 2013.

— (2013). «How to Measure China's Maritime Power». [en línea]. *The Diplomat,* 23 de noviembre de 2012.

HOOK, D.G. (2001). *Japan's International Relations, Politics, economics and security.* Londres: Routledge.

HSU, Emmanuel (2000). *The Rise of Modern China.* Oxford: Oxford University Press.

HUGUES, Christopher W. (2005). *Japan's re-emergence as a «normal» military power.* Londres: Routledge.

IKEHATA, Setsuho (2014). «La participación de Japón en la revolución filipina de 1896». En *XIII sesión de la International Association of Historians of Asia* (IAHA).

IKENBERRY, John G. (ed.) (2011). *American Foreign Policy.* Boston: Wadsworth.

INOGUCHI, T. (1994) «¿Entramos en el siglo del Pacífico?». En *Grandes Temas: La Reordenación de Asia Oriental tras el final de la Guerra Fría.* Tokio: Universidad de Tokio, pp. 573-581.

IVES, Colta Feller (1974). *The Great Wave: The Influence of Japanese Woodcuts on French Prints.* Nueva York: The Metropolitan Museum of Art.

JANSEN, Marius B. (2000). *The Making of Modern Japan.* Cambridge (Massachusetts): The Belknap Press of Harvard University Press.

KAPLAN, Robert D. (2013). *La venganza de la geografía: Cómo los mapas condicionan el destino de las naciones.* Barcelona: RBA Libros.

KIMURA, Naoko (2009). «出島復元事業について» («*Dejima fukugen jigyō ni tsuite*»). En *Departmental bulletin paper* (Ochanomizu University), 31 de marzo de 2009, pp. 51-63.

KISSINGER, Henry (2012). *China.* Barcelona: Debate.

— (2019). *El orden mundial: Reflexiones sobre el carácter de los países y el curso de la historia.* Barcelona: Debate.

LACOSTE, Pierre (1987). *Estrategias navales del presente.* Madrid: Servicio de Publicaciones del E.M.E. (Colección Ediciones Ejército).

Lalinde, Luis M. (2017a). «Las relaciones entre Estados Unidos y China: ¿Necesidad de un Cuarto Comunicado Conjunto?». En *Jiexi Zhongguo: Análisis y pensamiento latinoamericano sobre China*, N.º 25.

— (2017b). «China y la importancia geopolítica de dominar el mar circundante». En *Estudios del Observatorio de Política China*. URL:<http://www.politica-china.org/imxd/noticias/doc/1489429237China_mar_circundante.pdf> [Consulta: 11 de junio de 2021].

— (2018a). «Historia de las relaciones entre Japón y China acerca del conflicto de las islas Senkaku/Diaoyu». En *Actas de las VII Jornadas de Investigación de la Facultad de Filosofía y Letras* (Universidad de Alicante).

— (2018b). «Las islas Senkaku/Diaoyu: Causas y consecuencias de un desencuentro entre Japón y China». En *Jiexi Zhongguo: Análisis y pensamiento latinoamericano sobre China*, N.º 27.

— (2019a). «Historia de las Takeshima/Dokdo: motivo de discordia entre Japón y Corea del Sur». En *Actas de las VIII Jornadas de Investigación de la Facultad de Filosofía y Letras* (Universidad de Alicante).

— (2019b). «Las islas Spratly: el conflicto que separa a China de los países del Sudeste Asiático». En *Estudios del Observatorio de Política China*. URL:<https://politica-china.org/areas/seguridad-y-defensa/x-sei-las-islas-spratly-el-conflicto-que-separa-a-china-de-los-paises-del-sudeste-asiatico > [Consulta: 11 de junio de 2023].

— (2021). *Japón y China ante las islas Senkaku/Diaoyu (1945-2020): análisis geopolítico e histórico-cultural de un conflicto marítimo en Asia-Pacífico* (tesis doctoral). Alicante: Universidad de Alicante.

Lee, Kun (1994). «Political culture in the "advocacy of an expedition to Korea" in the 1870S: an aspect of Japanese imperialism». En: *Korea journal of population and development* (Seoul National University), Vol. 23, N.º 1, julio de 1994.

Lin, Man-Houng (2010) «Taiwan, Hong Kong, and the Pacific, 1895–1945». En *Modern Asian Studies*, Vol. 44, N.º 05, pp. 1053-1080.

Lohmeyer, Martin (2008). *The Diaoyu / Senkaku Islands Dispute: Questions of Sovereignty for Resolving the Dispute.* Christchurch (Nueva Zelanda): University of Canterbury.

López-Davadillo, Julio; Martín, Eva María (2012). *Geopolítica: Claves para entender un mundo cambiante.* Madrid: Editorial Universitària Ramón Areces (UNED).

López i Vidal, Lluc (2006). «La nueva estrategia de seguridad japonesa: la normalización de su diplomacia». En *Anuario Asia-Pacífico.*

— (2010a). *La política exterior y de seguridad japonesa.* Barcelona: Editorial UOC.

— (2010b). «Anàlisi de la política exterior japonesa». *Política internacional a l'Àsia oriental,* Lluc López i Vidal (coord.). Barcelona: Editorial UOC.

— (2010c). *Manual de política exterior japonesa.* Barcelona: Editorial UOC.

— (2012). «Islas Senkaku: ricas en recursos energéticos y resentimientos patrióticos». [en línea]. *El País digital*, 22 de septiembre de 2012. URL:<http://internacional.elpais.com/internacional/2012/09/22/actualidad/1348268956_040390.html > [Consulta: 1 de abril de 2023].

Lu, Yu-Ting. (2010). *Taiwán: Historia, política e identidad.* Barcelona: Edicions Bellaterra (Colección Biblioteca de China contemporánea).

Mackinlay, Alejandro (2011a). «Las ambiciones marítimas de China». En *Documentos de opinión* (Instituto Español de Estudios Estratégicos, IEEE), N.º 6, enero de 2011.

— (2011b). «Una visión del escenario marítimo para las próximas décadas». En *Revista General de Marina* (MIC y Ministerio de Defensa), Vol. 260, mes 3, abril, pp. 467-478.

— (2012). «Mar Meridional de China». En *Panorama Geopolítico de los Conflictos 2012*. España: Instituto Español de Estudios Estratégicos (IEEE) y Ministerio de Defensa.

— (2013). «Relevancia naval». En *Revista General de Marina* (MIC y Ministerio de Defensa), Vol. 265, mes 1, julio.

Mackerras, C. (ed.). (2000). *Eastern Asia. An Introductory History*. Sidney: Longman.

MacMillan, Margaret (2013). *1914: De la paz a la guerra*. Madrid: Turner.

Maes, Javier (1991). «El Ejército chino, tecnológicamente en pañales. [en línea]. *El País* (edición escrita), 5 de abril de 1991. URL:<http://elpais.com/diario/1991/04/05/internacional/670802408_850215.html > [Consulta: 2 de junio de 2023].

Mahan, Alfred T. (2007). *La influencia del poder naval en la historia* (editado por Gonzalo Parente Rodríguez). Madrid: Ministerio de Defensa.

Mammarella, Giuseppe (1996). *Historia de Europa contemporánea desde 1945 hasta hoy*. Madrid: Ariel.

Martínez-Robles, David (2007). *La participación española en el proceso de penetración occidental en China: 1840-1870* (Tesis doctoral). Barcelona: Universitat Pompeu Fabra.

— (2014). *Imperialismo, totalitarismo y transición en China y Japón*. Barcelona: Editorial UOC.

Martínez-Robles, David; Sasot, Albert (2011a). «El siglo XIX: tiempos de crisis, tiempos de cambio: Del hundimiento del último Imperio chino a la emergencia del Imperio colonial japonés». En *Historia de Asia Oriental II: siglos XIX i XX*, David Martínez-Robles y Albert Sasot. Barcelona: Editorial UOC.

— (2011b). «La primera mitad del siglo XX: Entre la primera y la segunda guerra sino-japonesa». En *Historia de Asia Oriental II: siglos XIX i XX*, David Martínez-Robles y Albert Sasot. Barcelona: Editorial UOC.

— (2011c). «De la posguerra mundial al siglo XXI: Reconstrucción y definición de un nuevo orden en Asia oriental». En *Historia de Asia Oriental II: siglos XIX i XX*, David Martínez-Robles y Albert Sasot. Barcelona: Editorial UOC.

Martínez Taberner, Guillermo (2011). *La región de Nanyo. El Japón Meiji y las colonias asiáticas del imperio español, 1858-1898* (Tesis doctoral). Barcelona: Universitat Pompeu Fabra.

Moreno, Julia (1992). *El Extremo Oriente, siglo XX*. Madrid: Editorial Síntesis.

Murakami, Yusuke (2011). «Asia del Este y la política exterior de Japón: desafíos para el siglo XXI». En *Agenda Internacional*, Año XVIII, N.º 29, pp. 19-54.

Nolte, Detlef (2006). «Potencias regionales en la política internacional: conceptos y enfoques de análisis». En *German Institute of Global and Area Studies (GIGA) Working Papers*, N.º 30.

Nye, Joseph (2003). *La paradoja del poder norteamericano*. Madrid: Santillana Ediciones Generales.

— (2015). «Los límites del poder blando de China». En *Project Syndicate*, 10 de julio de 2015.

Oki, Masashi (2013). «La relación entre Japón y China: un polvorín en Asia». En *Instituto Galego de Análise e Documentación Internacional* (IGADI). URL:<http://www.igadi.org/web/analiseopinion/la-relacion-entre-japon-y-china-un-polvorin-en-asia > [Consulta en línea 27 de diciembre de 2013].

Page, Jeremy (2015). «EE.UU. ve con cautela y esperanza la expansion de la armada China». [en línea]. *The Wall Street Journal*, 2 de abril de 2015. URL:<http://lat.wsj.com/articles/SB124512445218 816937966045805567124454060030 > [Consulta: 13 de junio de 2023].

Pan, Zhongqi (2007). «Sino-Japanese Dispute over the Diaoyu/Senkaku Islands: The Pending Controversy from the Chinese Perspective». En *Journal of Chinese Political Science*, Vol. 12, N.º 1, 2007.

Pareja, Pablo (2010). *Actores y orden en las relaciones internacionales: El papel de la República Popular de China y Japón en la construcción del orden regional de Asia Oriental* (Tesis doctoral). Barcelona: Universitat Pompeu Fabra.

Pareja Alcaraz, P.; García Segura, C. (2010). «Las necesidades energéticas de Asia Oriental». En *Revista CIDOB d'Afers Internacionals*, N.º 89-90, abril/mayo de 2010, pp.29-44.

Pastor, Jaime (2005). «Geopolítica, guerras y 'Balcanes globales'». En *Guerra global permanente: La nueva cultura de la inseguridad*, Pastor; Brandariz (ed.). Madrid: Catarata.

Pelletier, Phillipe (1997). *La Japonésie: Géopolitique et géographie historique de la surinsularité au Japon.* París: CNRS Editions.

— (2011). *L'Extrême-Orient: L'invention d'une histoire et d'une géographie.* París: Editions Gallimard.

Pyle, K. (1996). *The Making of Modern Japan.* Lexington (Massachusetts): Heath.

Ramírez, Raúl (2018). *Historia de China contemporánea.* Madrid: Editorial Síntesis.

Reinoso, José (2014a). «EEUU y China acercan posiciones sobre conflictos marítimos en Asia». [en línea]. *El País digital*, 8 de abril de 2014. URL:<http://internacional.elpais.com/internacional/2014/04/08/actualidad/1396966943_056647.html> [Consulta: 17 de abril de 2023].

— (2014b). «EEUU sella un acuerdo con Manila que refuerza su presencia militar en Filipinas». [en línea]. *El País digital*, 28 de abril de 2014. URL:<http://internacional.elpais.com/internacional/2014/04/28/actualidad/1398682253_611137.html > [Consulta: 17 de abril de 2023].

Reischauer, Edwin O. (1990). *Japan: The Story of a Nation.* Nueva York: McGraw-Hill Publishing Company.

Reischauer, E.; Jansen, M. (1995). *The Japanese Today.* Cambridge (Massachusetts): The Belknap Press of Harvard University Press.

Renouvin, Pierre; Duroselle, Jean B. (2000). *Introducción a la Historia de las Relaciones Internacionales.* México D.F.: F.C.E.

Ríos, Xulio (2010a). *China en 88 preguntas.* Madrid: Los libros de la Catarata.

— (2010b). «Anàlisi de la política exterior de la República Popular de la Xina». En *Política internacional a l'Àsia oriental*, Lluc López i Vidal (coord.). Barcelona: Editorial UOC.

— (2013a). «Las crisis en los mares de China: implicaciones geopolíticas y en materia de seguridad». En *Panorama Estratégico*, N.º 1, pp. 139-167.

— (2013b). «El conflicto China-Japón». En *Anuario CEIPAZ*, N.º 6, 2013-2014, pp. 113-128.

— (2016). *China moderna.* Barcelona: Tibidabo Ediciones.

— (2018). *La China de Xi Jinping.* Madrid: Editorial Popular.

Rodao, Florentino (2020). *La soledad del país vulnerable.* Barcelona: Crítica.

RT (2015). «La Armada china, un gigante naval con pies de barro». [en línea]. *RT Noticias.* 23 de agosto de 2013. URL:<https://actualidad.rt.com/actualidad/view/103653-poder-naval-china-armada> [Consulta: 21 de mayo de 2023].

Rubiolo, María Florencia (2010). «El multilateralismo estratégico en la política exterior de China. Estudios de caso: el Foro Regional de ASEAN y la disputa por las islas Spratly». En *Colombia Internacional*, N.º 72, julio/diciembre de 2010, pp. 29-52.

Ruiz, Claudia (2019). *De Mao a la Nueva Ruta de la Seda: El camino de China al Liderazgo Mundial.* Londres: Samizdat Editores.

Ruwitch, John (2016). «China's Xi issues veiled warning to Asia overmilitary alliances». [en línea]. Reuters, 21 de mayo de 2016. URL:< http://www.reuters.com/article/us-china-xi-idUSBREA4K02V20140521 >[Consulta: 31 de mayo de 2023].

SÁENZ-FRANCÉS, Emilio (2015). *¿Micronesia española? Historia de la reclamación española de soberanía en las islas del Pacífico.* Madrid: Universidad Pontificia Comillas (Colección Biblioteca Comillas Relaciones Internacionales).

SAJIMA, Naoko (2010). «La fi de la Guerra Freda i l'efecte de l'11-S en la seguretat del nord-est asiàtic». En *Política internacional a l'Àsia oriental*, Lluc López i Vidal (coord.). Barcelona: Editorial UOC.

SCHIROKAUER, Conrad; LURIE, David; GAY, Suzanne (2014). *Breve historia de la civilización japonesa.* Barcelona: Edicions Bellaterra.

SHAMBAUGH, David (2002). *Modernizing China's Military: Progress, Problems, and Prospects.* Berkeley (California): University of California Press.

— (2011). «Coping with a Conflicted China». En *The Washington Quarterly,* invierno de 2011, N.º 34:1, pp. 7-27.

SHAMBAUGH, D.; YAHUDA, M. (ed.) (2008). *International Relations of Asia.* Nueva York: Rowman & Littlefield Publishers.

SHENKAR, Oded (2005). *El siglo de China: La floreciente economía de China y su impacto en la economía global, en el equilibrio del poder y en el empleo.* Barcelona: Ediciones Granica.

SOTO, Augusto (2005). «El "insuperable" desencuentro entre China y Japón». En *Real Instituto Elcano* (ARI), N.º 65. 18 de mayo de 2005.

— (2006a). «Conflictos territoriales en Asia-Pacífico. Entre la defensa y la integración». En *Anuario Asia-Pacífico*, 2006, pp. 251-260.

— (2006b). «Las relaciones entre Japón y China: ¿puede continuar la enrarecida atmósfera bilateral?». En *Real Instituto Elcano* (ARI), N.º 62, 2006.

SPENCE, Jonathan D. (2011). *En busca de la China moderna.* Barcelona: Tusquets Editores.

SPUTNIK NEWS (2021). «¿Qué es Build Back Better World?». [en línea]. *Sputnik News* 27 de octubre de 2021. URL:<https://mundo.sputniknews.com/20211029/que-es-build-back-better-world-la-respuesta-de-eeuu-a-la-nueva-ruta-de-la-seda-china-1117646461.html> [Consulta: 31 de octubre de 2023].

SUGANUMA, Unryu (1996). *Historical justification of sovereign right over: territorial space of the Dioayu/ Senkaku islands: Irredentism and Sino-Japanese Relations?.* Nueva York: Syracuse University.

— 2000). *Sovereign Right and Territorial Space in Sino-Japanese Relations: Irredentism the Dioayu/ Senkaku Islands.* Honolulu: University of Hawai'i Press & Association for Asian Studies.

SUTTER, Robert G. (2010). «China, the United States and a "power shift" in Asia». En *UNISCI Discussion Papers,* N.º 24, octubre de 2010.

TAMAMES, Ramón (2008). *El siglo de China: de Mao a primera potencia mundial.* Barcelona: Planeta.

TENNANT, Roger (1996). *A History of Korea.* Londres: Routledge.

TEO, Victor (2019). *Japan's Arduous Rejuvenation as a Global Power.* Sinpagur: Palgrave Macmillan.

THE WASHINGTON TIMES (2005). «China Builds up Strategic Sea Lanes». [en línea]. *The Washington Times,* 17 de enero de 2005. <http://www.washingtontimes.com/news/2005/jan/17/20050117-115550-1929r/> [Consulta: 11 de junio de 2023].

TODD, Henry (2005). «Sanitizing Empire: Japanese Articulations of Korean Otherness and the Construction of Early Colonial Seoul, 1905-1919». En *The Journal of Asian Studies*, Vol. 64, N.º 3, agosto de 2005, pp. 639-675.

TRIGO CHACÓN, Manuel (2013). «China: Su hegemonía económica y pronto también naval». En *Revista General de Marina* (MIC y Ministerio de Defensa), Vol. 265, mes 1, julio.

Tsirbas, Marina (2016). «What Does the Nine-Dash Line Actually Mean?». [en línea]. *The Diplomat*, 2 de junio de 2016.

Tucídides (2000). *Historia de la Guerra del Peloponeso.* Madrid: Gredos.

Valencia, Mark J. (1997). «Asia, the Law of the Sea and International Relations». En *International Affairs* (Royal Institute of International Affairs 1944-), Vol. 73, N.º 2, Asia and the Pacific, abril de 1997, pp. 263-282.

— (2010). «La sombra de la rivalidad China-EEUU se cierne sobre los conflictos marítimos». En *Anuario Asia-Pacífico*, 2010, pp. 77-83.

Vidal, Macarena (2014). «China y Japón acuerdan pasos para destensar su relación». [en línea]. *El País digital*, 7 de noviembre de 2014. URL:<http://internacional.elpais.com/internacional/2014/11/07/actualidad/1415364825_083451.html > [Consulta: 27 de diciembre de 2022].

— (2015a). «China aumentará en un 10% su presupuesto de Defensa en 2015». [en línea]. *El País digital*, 4 de marzo de 2015. URL:<http://internacional.elpais.com/internacional/2015/03/04/actualidad/1425451410_607833.html > [Consulta: 7 de marzo de 2023].

— (2015b). «Japón da un paso adelante para aplicar su nueva doctrina militar». [en línea]. *El País digital*, 18 de marzo de 2015. URL:<http://internacional.elpais.com/internacional/2015/03/18/actualidad/1426698285_841654.html > [Consulta: 18 de marzo de 2023].

— (2015c). «China avanza en su programa de rearme con un segundo portaaviones». [en línea]. *El País digital*, 10 de marzo de 2015. URL:<http://internacional.elpais.com/internacional/2015/03/10/actualidad/1426017890_725537.html > [Consulta: 21 de mayo de 2023].

— 2015d). «Pekín, Seúl y Tokio avanzan un paso en deshielo de sus relaciones». [en línea]. *El País digital*, 21 de marzo de 2015. URL:<http://internacional.elpais.com/internacional/2015/03/21/actualidad/1426947584_772426.html > [Consulta: 21 de marzo de 2016].

— (2015e). «EEUU exige a China el 'fin inmediato' de la construcción de islas artificiales». [en línea]. *El País digital*, 30 de mayo de 2015. URL:<http://internacional.elpais.com/internacional/2015/05/30/actualidad/1432967003_319721.html > [Consulta: 31 de mayo de 2023].

— (2021). «Las tropas de China e India vuelven a enfrentarse en la frontera». [en línea]. *El País digital*, 25 de enero de 2021. URL:<https://elpais.com/internacional/2021-01-25/las-tropas-de-china-e-india-vuelven-a-enfrentarse-en-la-frontera.html > [Consulta: 31 de mayo de 2023].

Wallerstein, I. (2010), «What Cold War in Asia? An Interpretative Essay». En *The Cold War in Asia. The Battle for Hearts and Minds*, Zheng; Liu; Szonyi(eds.). Leiden/Boston: Brill, pp. 15-24.

Wanandi, Jusuf (2006). «El Este Asiático y la lucha contra el terrorismo global». En *Anuario Asia-Pacífico*, febrero de 2006, pp. 261-269.

Wang, Qingxin Ken (2000). «Taiwan in Japan's Relations with China and the United States after the Cold War». En *Pacific Affairs*, Vol. 73, N.º 3, otoño de 2000, pp. 353-373.

Wang, Zhenxi; Zhang, Qinglei (1998). «Post-Cold War U.S. Alliance Strategy». En *International Strategic Studies*, N.º 3, pp.1-9.

Weber, Max (1978). *Economy and Society: An Outline of Interpretetive Sociology.* Berkeley: University of California Press.

Yamaguchi, Mari (2020). «Quad, el grupo de cuatro potencias contra la amenaza china en el Indopacífico». [en línea]. *La Razón*, 6 de octubre de 2020. URL:<https://www.larazon.es/internacional/20201006/iocyghpf2zenbpjg4eyhgo57am.html > [Consulta: 31 de diciembre de 2020].

Yoshihara, Toshi; Holmes, James (2005) «Command of the Sea with Chinese Characteristics». En *Foreign Policy Research Institute*, 2005, pp. 677-694.

ZAMORANO, Abraham (2011). «El mar que (dicen) enfrentará a China y EE.UU.» [en línea]. *BBC Mundo*, 13 de octubre de 2011. URL:<http://www.bbc.com/mundo/noticias/2011/10/110817_analisis_china_eeuu_sudeste_asiatico_conflicto_tension_vietnam_filipinas_az > [Consulta: 1 de febrero de 2023].

DOCUMENTOS AUDIOVISUALES

NYE, Joseph. *Sobre los cambios del poder mundial.* Oxford: en el programa de Televisión *Ted Talk: ideas worth spreading.* 2010. [video en línea]. URL:<http://www.youtube.com/watch?v=796L-fXwzIUk>[Consulta: 20 de diciembre de 2022].

DOCUMENTOS

Declaración de Manila sobre el arreglo pacífico de controversias internacionales. [en línea]. En dipublico.org Derecho Internacional, 1982. URL:<http://www.dipublico.org/4042/resolu-cion-3710-de-la-asamblea-general-de-las-naciones-unidas-declaracion-de-manila-sobre-el-arre-glo-paci%C2%ADfico-de-controversias-internacionales/ > [Consulta: 1 de mayo de 2023]

Convención de las Naciones Unidas sobre el Derecho del Mar. [en línea]. En Naciones Unidas, 1982. URL:<http://www.cinu.org.mx/temas/Derint/convemar_es.pdf> [Consulta: 1 de abril de 2023]

Los Cinco Principios de Coexistencia. [en línea]. En Ministerio de Relaciones Exteriores de la República Popular de China (embajada china de Costa Rica), 10 de julio de 2014. URL:< http://cr.chineseembassy.org/esp/xwdt/t1173044.htm > [Consulta: 10 de mayo de 2023]

Perspectivas y acciones para promover la construcción conjunta de la Franja Económica a lo largo de la Ruta de la Seda Marítima del siglo XXI. [en línea]. En Ministerio de la Relaciones Exteriores de la República Popular de China, 28 de marzo de 2015. URL:< http://www.fmprc.gov.cn/esp/zxxx/t1252441.shtml > [Consulta: 1 de mayo de 2023]

Tratado de Cooperación y Seguridad Mutua entre Estados Unidos y Japón. [en línea]. Ministerio de Asuntos Exteriores japonés. URL:<http://www.mofa.go.jp/region/n-america/us/q&a/ref/1.html> [Consulta: 13 de diciembre de 2022]

Tratado de Shimonoseki. [en línea]. En *Taiwan Basic.* URL:< https://www.taiwanbasic.com/treaties/Shimonoseki.htm> [Consulta: 13 de septiembre de 2023]

PÁGINAS WEB

DefenseNews: URL:< http://www.defensenews.com/ > [Consulta: 1 de junio de 2023].

Embajada de Japón en China:URL:<http://www.cn.emb-japan.go.jp/index.htm> [Consulta: 1 de abril de 2023].

Ministerio de Asuntos Exteriores y de Cooperación de España: URL:< http://www.exteriores.gob.es/ > [Consulta: 1 de mayo de 2023].

Ministerio de Asuntos Exteriores de Japón: URL:<http://www.mofa.go.jp/> [Consulta: 1 de abril de 2023].

Ministerio de Defensa de Japón: URL:<http://www.mod.go.jp/e/index.html> [Consulta: 1 de abril de 2023].

Ministerio de Relaciones Exteriores de la República Popular de China: URL:<http://www.fmprc.gov.cn/esp/ > [Consulta: 27 de diciembre de 2022].

Embassy Pages: URL:< http://www.embassypages.com > [Consulta: 27 de julio de 2022].

THINK TANKS

Council on Foreign Relations (CFR) (2015). «China's Maritime Disputes». [en línea]. En *Council on Foreign Relations*. URL:<http://www.cfr.org/asia-and-pacific/chinas-maritime-disputes/p31345?cid=otr-marketing_use-china_sea_InfoGuide#!/#overview > [Consulta: 27 de marzo de 2023].

Network of Asian Think-Tanks (NEAT) (2010). «NEAT Working Group on East Asia's Evolving Regional Architecture». [en línea]. En *NEAT*. 4 March 2010. Bangkok, Thailand. URL:< http://www.ceac.jp/e/pdf/neat/08wg_6.pdf > [Consulta: 2 de abril de 2023].

International Crisis Group (2013). «Dangerous Waters: China-Japan Relations on the Rocks». [en línea]. En *Asia Report*, N. 245, 8 de abril de 2013. URL:<http://www.crisisgroup.org/en/regions/asia/north-east-asia/china/245-dangerous-waters-china-japan-relations-on-the-rocks.aspx> [Consulta: 27 de diciembre de 2022].

Stockholm International Peace Research Institute (SIPRI) (2021). «Comunicado de prensa». EMBARGO 26 de abril de 2021. URL:<https://sipri.org/sites/default/files/2021-04/sipri_milex_press_release_esp.pdf> [Consulta: 27 de septiembre de 2022].

10
ANEXOS

10.1. GLOSARIO DE CONCEPTOS CLAVES

El trabajo ha girado en torno a un marco conceptual, haciendo mayor énfasis en dos conceptos clave: *el poder marítimo* y *mar de China*. Puesto que estos definen sobremanera lo que se pretende analizar de acuerdo a las hipótesis de partida de la presente monografía. Además, se han trabajado otros conceptos claves de menor envergadura, pero de gran importancia para nuestro estudio. Así, se han analizado:

— **Poder marítimo**: El poder marítimo es la capacidad que ostenta un estado para usar, controlar y proteger todas las acciones y actividades de toda índole de éste sobre sus propias aguas y su proyección en alta mar, como tener la posibilidad de impedir que otros Estados hagan lo mismo (de ahí la lucha japonesa y china por el control del mar de China). El precursor de dicho concepto fue Alfred Thayer Mahan (1840-1914), almirante estadounidense conocido por su faceta como historiador y estratega naval, célebre por su doctrina marítima expuesta en su obra *Influencia del poder naval en la historia*[125], donde señalaba la importancia del poder marítimo como fin para lograr la dominación de un territorio (Kaplan 2013:148). Dentro del poder marítimo tenemos, en su expresión militar, el poder naval; que sería la capacidad militar de una nación de

---

[125] Mahan, Alfred T. (2007). *Influencia del poder naval en la Historia*. Madrid: Ministerio de Defensa.

repeler o atacar a otra, con el fin de mantener el control sobre sus aguas o negárselas a las del otro.

— **Mar de China:** es un mar litoral, del océano Pacífico, que posee una extensión de unos 4.250.000 km^2 que lo erigen en el mar más grande del mundo. Por esta razón, se suele dividir, a partir de la isla de Taiwán, en dos mares: mar de China Meridional y mar de China Oriental. Dicho mar tiene como territorios y países ribereños a China, Japón, Corea, Filipinas, Indonesia, Brunéi, Malasia, Vietnam, Camboya y Tailandia. Hecho que le convierte en el nexo de unión de una de las zonas más pobladas y pujantes del mundo. Por lo que no es de extrañar, que tanto japoneses como chinos deseen controlar dicho espacio marítimo.

— **Expansionismo:** Es la inclinación de los Estados por acrecentar su radio de acción y, esencialmente, su territorio en detrimento de otros Estados. Dicho término va muy ligado al concepto de «imperialismo», aunque este último va más allá porque no sólo engloba la incorporación de territorios, sino también la imposición de su cultura y el sometimiento militar, político y económico sobre los territorios conquistados a los intereses de la metrópoli. En este último se situaría el expansionismo y/o imperialismo japonés. Mientras que en el caso de China que deseamos estudiar, va ligado al expansionismo que, si bien aún no se ha efectuado territorialmente, propiamente dicho, es claro su aumento de radio de acción sobre el mar de China y sus pretensiones territoriales sobre las islas que lo ocupan.

— **Derecho del Mar:** actualmente se encuentra regido por la *Convención de las Naciones Unidas para el Derecho del Mar* (rubricada en 1982), donde se establece la legislación sobre el espacio oceánico y su uso en todas sus dimensiones: *«navegación, sobrevuelo, exploración y explotación de recursos, conservación y contaminación, pesca y tráfico marítimo»* (NU), así como se establece el control de 200 millas náuticas al estado soberano (100 si se trata de un Estado archipiélago). De ahí la importancia que ha adquirido recientemente la lucha por las islas en el mar de China, dada las prebendas que pueden ofrecer y las competencias que puede tener un Estado en un espacio marítimo de 200 millas náuticas a la redonda. Anteriormente a dicha convención, y en el plano del imperialismo japonés, con la Convención de la Haya (1930) convocada por la Sociedad de Naciones, se reconocía y se detallaba el Mar territorial de un país, aunque no la extensión del mismo que, hasta entonces, era de unas 3 millas náuticas. Cifra que la mayoría de Estados deseaban hacerla oficial para todos los países.

No obstante, en dicha Convención primó los intereses nacionales, donde las potencias navales de la época como Gran Bretaña, EE.UU. y el propio Japón; no estaban interesados en poner límites a su poder marítimo en beneficio de otros países.

— **Geopolítico:** Si asumimos que la Geopolítica abarca, a groso modo, todo lo relacionado con la rivalidad entre poderes por el control fáctico o influyente sobre determinadas áreas y espacios, el mar de China posee un enorme valor geopolítico. Y es que, en él, las potencias se juegan el poder controlar los enormes recursos que atesora, como su riqueza en hidrocarburos y su privilegiada situación geográfica, así como el poder controlar la principal vía del comercio mundial y de abastecimiento para China y Japón. Todo ello hace que el mar de China posea un gran valor geoestratégico para la seguridad de Japón y China, ya sea damnificándola o reforzándola dependiendo de sobre quién recae dicho dominio.

colección

RENACIMIENTO DE ASIA ORIENTAL

Director: Javier Martín Ríos